成都理工大学工商管理国家一流专业建设经费

成都理工大学工商管理省级一流专业建设点专项经费

管理智慧
与管理者的修为

王宇 唐心智 邓姗 谢佳 著

四川人民出版社

图书在版编目（CIP）数据

管理智慧与管理者的修为 / 王宇等著. —成都：
四川人民出版社，2022.1
ISBN 978-7-220-12488-4

Ⅰ. ①管…　Ⅱ. ①王…　Ⅲ. ①企业管理—文集　Ⅳ.
①F272-53

中国版本图书馆 CIP 数据核字（2021）第 239856 号

GUANLI ZHIHUI YU GUANLIZHE DE XIUWEI
管理智慧与管理者的修为
王　宇　唐心智　邓　姗　谢　佳　著

责任编辑	韩　波
装帧设计	戴雨虹
责任校对	舒晓利
责任印制	许　茜

出版发行	四川人民出版社（成都槐树街 2 号）
网　　址	http://www.scpph.com
E-mail	scrmcbs@sina.com
新浪微博	@四川人民出版社
微信公众号	四川人民出版社
发行部业务电话	（028）86259624　86259453
防盗版举报电话	（028）86259624
照　　排	四川胜翔数码印务设计有限公司
印　　刷	成都蜀通印务有限责任公司
成品尺寸	170mm×240mm
印　　张	11
字　　数	150 千
版　　次	2022 年 1 月第 1 版
印　　次	2022 年 1 月第 1 次印刷
书　　号	ISBN 978-7-220-12488-4
定　　价	62.00 元

前　言

百年未有之大变局下，企业的经营环境正在经历深刻变化，提高管理水平成为企业的必然选择。然而，管理者中，接受过规范工商管理教育者仍然不够多。对于每一个负责任的管理研究和教学者来说，运用一切可能的方法和手段，用说人话的方式，传递关于管理的正念，为学习管理的人带去启示，就成为使命所在。

本书是由一系列相对独立的短文组成的学术随笔集，主要来自近年来撰写的一系列管理方面的学术随笔和读书札记，内容分成两个部分。前半部分叫作"管理智慧"，讨论如何用更智慧的方式立足职场和认识组织。后半部分叫作"管理者的修为"，这部分先讨论了管理者精神世界的修炼，接下来分别通过大师的著作和文艺作品中的有关描述，试图传递一些重要的启示——之所以这样做，是因为我们相信管理无处不在，来自这些作品的论述与隐喻，都可以为我们提供重要的思想养分。

在这本书里，我们尝试对传统的管理观点和做法进行归纳、梳理和扬弃，并为企业管理者总结提炼一些重要的观念。如果此举能唤起读者一点点学习和思考管理的热情，我们将深感荣幸。

需要说明的是，本书中提到的某些企业，目前遇到了一些困难，但这并不意味着它们在管理上的经验和做法没有价值。事实上，较高的管理水平，恰恰是其前些年取得成功的重要原因。这些管理上的成功之处，仍然是值得我们学习的。

目　录

上篇：管理智慧

下篇：管理者的修为

上　篇
管理智慧

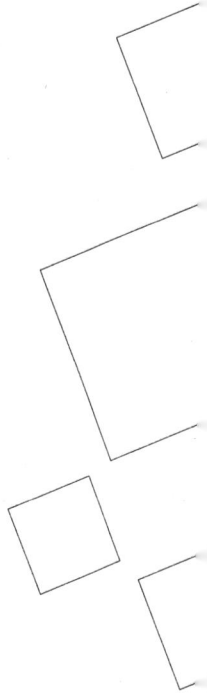

一

人在职场：管理者必备

回想当年初入职场的时候，懵懵懂懂地走了不少不必要的弯路。今天忝为人师，我认为有义务把自己看到的真实世界告诉年轻的朋友们，让他们不必支付额外的代价。

正是出于这样一个简单的想法，断断续续有了下面的这组短文，汇集成为本书的第一个部分。回过头来看，这些文章虽然作于不同的时间段，但在脉络上还是沿着从职场须知的招数到职场心法的内力这样一个逻辑展开的。内容上涵盖了职业化、员工管理、行为准则、心态调整等，目的是让读者了解管理是多么包罗万象，又是多么复杂。当然以管理之浩瀚，这组文章连沧海一粟都算不上。

这组文章不同于市面上流行的那些职场兵法，它无助于快速升职，或者在职场竞争中打垮对手。但我相信，这些认识有助于让一个人变得更好，因为这些内容试图表达的，是管理的正见。

我自己关起门来教育孩子，说的无非也就是这些。

塑造自己——寄语即将踏入社会的孩子们

时间过得真快，转眼间，新一届年轻人又该踏入社会了。

每到这个时候，都很感慨。

我曾经在课堂上说过，"三"是一个神奇的数字。当你不知道该说什么的时候，就先说"我想讲三句话"，再去思考是哪三句——这样显得比较有水平。

我想讲三句话。

第一句话，请做一个清楚的人。

原则界限必须清楚。

你要知道自己的行为边界在哪里——什么事情必须做，什么事情可以做，什么事情做了无伤大雅，什么事情不可触碰。

要守住自己的原则并不简单，你要能够不陷入各种各样的舒适区，你要坚持自己的价值观和对未来的判断，你要懂得必要的妥协和让步，你还要学会和不同的声音相处。否则，残酷的现实会让你处处碰壁，到头来也坚持不了你自己的坚持。

做事的思路必须清楚。

初入职场，各种技能不够娴熟，人际关系刚刚起步，这都不是大的困难，人们一般也不会过于苛求。当然，面对各种任务和问题，如果你能够分析得很有条理，并且能很快拿出清晰的方案，就有更大的可能在领导和前辈的脑海中留下印象。

凡涉及利益，必须清楚。

银钱经手，必须分毫不差。不属于你的利益，不可妄取分文。可进可退之处，不妨大度一些——这句话和很多"职场兵法"并不一致，但我相信自己没错。

第二句话，请做一个不断进化的人。

为了适应变化的世界，只有保持自己的进化力。

不管身处多么优越的位置，如果丧失了进化力，在漫漫的未来面前，是极其脆弱的——还记得当年那位"我今年36岁了，除了收费啥也不会"的小姐姐吧？

为了保持进化的能力，你必须加强和世界的链接。

机会来自链接，创新出自边缘，你应该冲破自我设限，勇敢地去和别人交流、展示、互动，而不必担心自己稚嫩、浅薄。进化，总是从简单到复杂，从低等到高等的。

为了保持进化的能力，你应该和外部世界有所区隔。

为了更好地链接，就必须学会断开——懂得屏蔽掉那些不利于进化的事物，不断接受那些利于进化的信息和能量。

为了保持进化的能力，你还要经历破茧成蝶的痛苦——没错，我指的就是学习。

残酷的生存竞争会淘汰掉那些不善于自我更新的生命。但管理好你的时间，每天学习一点点新的东西，坚持经年，你就会变得不一样。记住，这个世界上的牛人，没有一个不是在八小时之外加倍努力的，不管看上去多么嘻嘻哈哈，吊儿郎当。

第三句话，请做一个有趣的人。

这句话虽然放在最后，但绝对不是不重要，因为有趣实在是很重要、很宝贵又很稀缺的特质。

我们都知道，一个有趣的人，总是能受到欢迎，这可以帮助他维系良好的人际关系，与所在的圈子相处和睦，这其中大有好处。

但这只是最表层的认识。

有趣的人总是开朗活泼，这使得他们更能承受失败的打击。而且，他们更容易放开手脚，而不容易在责任的重压下变得畏首畏尾，瞻前顾后。

有趣的人往往喜欢玩耍。而玩耍的过程，往往是理智和尝试的结合，这一点对于产生新的创意是至关重要的。

有趣的人多半天上地下，什么都知道一点儿。这使得他们更加善于从不同的角度看待世界、思考问题，而不同知识的互相激荡，正是创新的重要源泉。

还有，有趣的人更容易吸引异性，这个自然就不消说了，你们比我懂。

并没有什么确定的方法可以让一个无趣的人变得有趣，但打开心扉，博览名著，热爱艺术，多和有趣的人交朋友，总会更加接近这个目标。

最后，想对我那些即将毕业的研究生们说几句话。

孩子们，岁岁年年花相似，年年岁岁人不同。在赞叹青春的活力、无尽的未来之时，回首陪伴你们的历程，更多时候照见的是自己学识、修养、人品的不足。学校培育了你们，你们观照着我，谢谢你们！

临别在即，唯愿你们善用自己的青春年华，时时勠力前行，时时守护善念，时时保持勇气，时时看到希望。

我等忝为师者，期待着为你们鼓掌。

（2019 年 6 月 12 日）

透过奚梦瑶，聊聊职业化

奚梦瑶惊天一摔，搅黄了维密的年度大秀。不管有多少人同情，也不管加油鼓励的话多么温馨煽情，我还是坚持认为，奚超模在这个秀场上的表现，是极不职业的。她搞出的这件事情，正好为我们提供了关于职业化的反面教材。

职业化者，职业技能、职业素养、职业意识也。

职业技能不消多说，既然以此为生，自当精于此道。维密这样的国际品牌选中奚梦瑶，对她作为模特的职业能力，显然是认可的。但很遗憾，她在秀场上的表现只能用"灾难"二字形容。

被自己身上的披挂绊倒，这事儿一点儿也赖不了别人，不管找出多少理由，这都是低级失误，不可原谅的低级失误，足以影响职业生涯的不可原谅的低级失误。更遗憾的，是她从地上爬起来之后的表现。

如果说职业技能是职业化的硬件的话，职业素养、职业意识这些软件因素更加重要。

说到职业素养，基本上就是六个字：诚信、敬业、忠诚。这六个字化作一个行动，就是坚决、完整、不打折扣地履行与雇主签订的合约。

职业化的世界，是一个以成败论英雄的世界。这个世界现实而冷酷，一切以业绩说话。譬如特警队里的狙击手，在面对穷凶极恶的绑匪时，倘若不能一枪爆头，给对方留下了伤害人质的机会，事后却哭着喊着说自己平时训练如何刻苦，克服了怎样艰巨的困难，走到今天这一步又是何等的不易，这有意义吗？

同样的道理，既然维密这样的世界级品牌选中了你，给你提供了平台，提供了露脸的机会，提供了丰厚的回报，你就成为维密年度秀这盘棋局中的一个棋子，这台机器中的一个零件。你的表现就不只是个人的事情，而是关系到整台晚会的安排，关系到这个品牌的形象。你当然就负有义务让这盘棋局顺利进行，让这台机器正常运转。即使不能为它增光添彩，也要兢兢业业地完成自己的任务。这，就叫职业素养。

如果完成了任务，证明职业素养合格；如果表现出彩，证明职业素养优秀；如果连基本任务都完成不好，说自己诚信，诚信在什么地方？说自己敬业，敬业精神何以体现？说自己忠诚，又忠诚于谁呢？

关于职业意识，可以列举出无数表现，但归根到底只有一条：人在职场，首先是职业人，然后才是作为普通个体意义上的人。这是区分职业和业余的重要标准。比如在足球场上，面对势大力沉的射门，业余球员完全可以选择闪避，那是自我保护的需要，无可非议，但对于一名职业球员，唯一的选择就是去封堵，不惜代价的封堵。1998年世界杯小组赛最后一轮，已经被淘汰的韩国队面对比利时人的狂轰滥炸，在对方前锋已经拉开角度射门的时候，一个被晃倒在地的韩国后卫毫不犹豫地伸头阻拦，这就叫职业意识。

反观奚梦瑶，摔倒已然很不应该了，站起来之后，还捂嘴大笑，走起来歪歪扭扭。这是职业模特，还是邻家大姐？看看往年那位一出场高跟鞋就出了问题，却全程踮起脚完成走秀的模特，其间高下，何啻云泥！

有那么一干为她辩护的人，说什么"她首先是个女孩子，然后才是模特"，大错特错。对于职业模特，秀场就是战场，上得战场，就是战士。所以在T台上，她首先是模特，其次才是女孩子。说这话的人，自己就没有正确的职业意识。

人民教师关注维密，多少有点难为情。但正当毕业生求职的季节，这一跤摔得自有其意义。

年轻的朋友们，没有哪个老板会指望职场新人一夜之间挑起大梁，但也不会有任何一个老板会容忍年轻人在敬业、诚信、忠诚、态度、价值观这些方面出现问题。因为职业技能上的不足，还有可能通过主观努力学习弥补，而职业素养和职业意识方面的欠缺，就不会有再来一次的机会了。

也许奚梦瑶这一跤真的会铺就通往娱乐圈的道路，但你一定不会，因为你不是奚梦瑶。

（2017 年 11 月 29 日）

如何管束资深员工

　　题记：这是某年夏天在新疆的一个培训班上，和年轻的管理者们一起探讨后的一点心得。在写下面文字的时候，又回忆起和青年朋友们一边吃着烤肉，一边唱《梦回唐朝》的情景，倍感温暖。

　　管理者日益年轻化，很多人会面对如何管理比自己更加年长或资历更深的下属的问题。在开始下面的讨论之前，有必要先下个定义。这里说的"资深员工"，指的是那些不愿服从管束，不肯主动合作的资历较深的员工。如果在职场上有那么一些主动团结在管理者周围的富于经验的员工，那么，家有一老如有一宝，我们高兴还来不及，又怎会存在管束的问题呢？

　　对于前面定义过的那些"资深员工"，总要先摸清性情，再分而治之。

　　他们的特点是什么呢？我概括成"四不"——不满意、不服气、不合作、不进取。首先是不满意，他们中的很多人对自己职业生涯得失之间进行权衡，心里是不平衡的。既然不满意，对那些资历较自己浅的管理者，自然是不服气的。不服气当然就很难合作，不合作的结果，就是不进取，在不合作的氛围下，组织很难健康发展，这些员工个人也不可能取得新的成绩。

　　这些内在特点有着不同的表现方式。因此，这些让人伤脑筋的"资深员工"，也可以划分成不同的类型。

他们中有的人属于"自我膨胀型"，本事不大脾气不小，总觉得自己不得了，看不起比自己年轻的人。实际上呢，这些人可能本领有一些，但绝非什么不可或缺的人才，因此绝对没有他们自己想象中那么重要。

有的人属于"等待退休型"，心灰意冷，得过且过，遇事不愿承担，能推就推，但求清闲，平稳着陆。

有的人属于"能力偏颇型"，这类人往往在业务上有一定的特长，但在为人处世、关系协调这类事情上存在短板，因而阻碍了进一步发展。

还有的人属于"钉子户型"，这类人的特点是油盐不进，遇事反对，他们是组织变革的阻碍者。

谈到管理策略，可以概括成十五个字，即"增感情、明职责、巧关怀、转知识、树权威"。

所谓增感情，就是要和他们交流沟通，采取更加人性化的措施，比如适当减少在井下、高温、粉尘、辐射等恶劣工作环境中的时间，等等。

所谓明职责，就是要在工作分配方面做到特别明晰，特别是环节之间、岗位之间的接合部，要尽可能界定清楚，尽量避免推卸责任。

所谓巧关怀，指的是对这类员工，关怀的方式不能只限于企业内部的相关规定，而要拿出创新精神，讲究方法，每每让他们体会到感动，体会到和年轻人的差异，以此放大关怀的效果。这方面可供参考的做法包括相关者关怀、艺术的表扬、情绪宣泄渠道等。

所谓转知识，指的是发掘和利用这部分员工的知识存量，特别是暗默知识，利用师徒相传、内部顾问、人脉情谊这些办法，使得他们身上的宝贵经验能够得以传承。

如果前面的都属于"怀柔"的话，那么树权威就是"立威"。管理者要具备"分阴分阳，迭用柔刚"的观念和能力，怀柔和立威都是不可少的，没有刚就无所谓柔，道是无情却有情，这才是一种大爱的境界。为此，就要求管理者以身作则，同时也不排除运用一些"术"的层面的东西。这事儿就不往下细说了。

　　到这里，把我们定义的"资深员工"做了一个梳理，列出了一些最基本的策略。至于哪些策略适用于哪类人，在具体工作中如何运用这些办法，那要根据内外部环境、管理者的能力和风格等因素来确定。掉一句书袋，玄之又玄，众妙之门也。

　　如果有年轻的朋友读这篇东西，怎么样，学会了吗？如果你说，我还是没有学会呢，其实这就对啦——因为要驾驭好自己的管理工作，历练是必不可少的。纸上得来终觉浅，绝知此事要躬行。诚哉斯言，千万记住这古老的教诲。

（2017 年 3 月 8 日）

公关总监如何发声——写在携程托儿所虐童事件之后

携程托儿所虐童事件发生以后，一名自称是携程公关总监的人，在网络上的一段留言，又为这件事情掀起了一个小小的波澜。这名公关总监的留言是这样的。

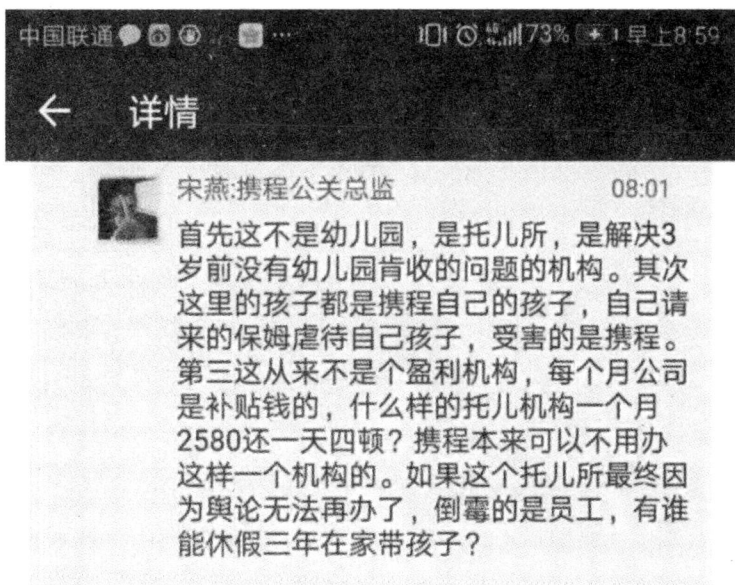

非要在这段话当中寻找闪光点，恐怕要用放大镜。不过拿着放大镜，总算能找到一条，就是这名公关总监始终坚定地站在自己雇主的立场上毫不动摇。但是，给人留下更加深刻印象的，是这段话说得极无诚意、极缺方法，因而也是极不专业的。也许，这段话最大的价值，就是提醒我们，在代表企业对外发声的时候，有那么几个错误，是千万不能犯的。

首先，企业公关的言论，就其性质而言，属于企业与公众沟通的一部分，必须符合沟通的基本规律。

凡沟通，首重情绪，其次才是内容。因此，公关总监不说话则已，只要开口，就应该引导公众情绪，向着有利于企业的方向转化，至少不能激化公众情绪，从而平息可能存在的极端情绪，为沟通创造一个良好的氛围。为了达到这个目的，有的时候，甚至真的要"有理三扁担，无理扁担三"。更遑论在这件事情上，携程托儿机构的工作人员确实存在不当行为。我们看这名公关总监的留言，没有半分自责的意思，如此态度怎么能够指望有什么良性互动呢？这名公关总监，上来就犯了全然不顾公众情绪的大忌。

其次，公关要坚决维护企业的利益这没有错，但是公关的目标，一定是促进外界对企业的理解，这必须通过达成共识来实现，而绝无可能通过简单地为企业洗地来实现。

所以，要站在受众的角度进行解释。要求得公众的谅解，只有在诚恳承认错误的前提下，向公众传递更多的信息——这样的公关才会发挥作用。说句大白话吧，如果想要让公众向右转的话，只能让他们向左，向左，再向左。其实，从公关总监的留言中我们不难发现，携程做了很多。三岁以下的孩子无法入园，这是每个家庭都会遇到的问题，而显然并不是每家企业都会设法为员工解决这后顾之忧的。从这个角度看，携程作出了自己的努力。而虐童，相信只是个别人员的个人行为，属于个案。

因而，先承认错误，再把个人和企业进行切割，然后让社会知悉携程在这方面的努力，这才是正确的顺序，也才有可能得到受众的理解。可是在这段话里面，上来就说：这不是幼儿园，只是托儿所——难道托儿所虐童就是正常的吗？这不是一个天大的笑话吗？听到这话的人有可能因此而原谅携程吗？恐怕非但不会原谅，反而会觉得携程在为这帮家伙撑腰吧！

所以这名公关总监犯的第二个严重错误，就是无视受众的感知。此人忘了一条最基本的原则：重要的不是你说了什么，而是受众听到了什么。

在向公众解释的时候，一定要态度诚恳，严以律己，合情合理，丝丝入扣。让我们一起品读一下公关总监的解释。

第一，这不是幼儿园，是托儿所——前面说过，托儿所就可以虐童吗？何况机构的性质，与这个事件本身并无直接的关联。上来就提它做甚？

第二，这里面都是携程自己的孩子，自己请来的保姆，虐待了自己的孩子，受害的是携程——此人想表达什么意思呢？要论受害者的话，难道首先不是孩子和他们的家长吗？受害者怎么变成了携程呢？这是一种什么样的逻辑？而且，口口声声"自己的孩子"，是不是想说，携程员工的孩子被虐待，外人应该闭嘴呢？

第三，机构不盈利——不盈利就可以虐待孩子吗？这一点本是携程的苦衷，奈何用这种方式表达，给人的感觉是在为携程找借口，所维护的，又是这样一种触犯多数人底线的行为。

你看，上述三点解释，严重背离了"有理有据"的基本原则，不是直面问题，而是寻找理由，不是寻求理解，而是胡搅蛮缠，因而算不得专业的公关沟通行为，只能算是泼妇骂街。

我们看最后一句话。说实在的，我不知道该怎么评论。我只能说，这名公关总监，成功地通过自己的言论，把携程公司开办托儿机构，解决员工实际困难的一番美意，变成了一种赤裸裸的威胁——你们批评吧，到时候看谁倒霉。

当然，公众极易受到误导，社会舆论远非理性。作为个人，我很能理解这话背后的情绪，但问题是，说这话的，不是公共知识分子，公关总监的责任不是启蒙，不是教化公众，也不是批评社会。他的发言代表企业，因而要顺应而不能悖逆，更不可以威胁受众。这是这段话犯的又一个错误。

走笔至此，我真心希望这段话是杜撰出来的。因为这段话里面的每一句，几乎都可以作为典型的错误案例加以剖析。一个职业的公关从业者，一个大公司的总监级别的人物，犯下这样的错误是无论如何也不应该的。这是公司的悲哀，也是从业者的无奈。

时间依旧流逝，群众总是健忘。吸引眼球的新热点一定层出不穷，携程托儿所虐童事件很快就会湮灭在公众的记忆当中。但这种公关回应给我们的教训，却不可以不汲取。一家企业的公关总监，从某种程度上犹如一个部门的发言人，承担着代组织立言的使命。危机面前，是使出浑身解数左右周旋，进而化危为机，还是进退失据，甚而至于推波助澜？

如果有朝一日，你必须代表组织发出声音的话，请一定记住，动机纯正、沟通真诚、理解受众、方式周全。如此这般，即便没有受过公关方面的专业训练，即使做不到以巧取胜，至少不会犯下低级错误，给组织带来不必要的麻烦。

（2017 年 11 月 15 日）

江湖十诀

有人的地方就有江湖。在江湖上，何以立身自处，进而有所作为？

有些话，书上会告诉你，有些，不会。下面的文字，就算是一份毕业季的赠品，送给那些即将踏入江湖的青年管理者吧。

一、世事洞明皆学问，人情练达即文章

本人本、硕、博都出自工科学校。工科学校的学生，在刚刚踏上社会的时候，总是崇尚实际工作，有意无意地有些瞧不起善于处理人际关系的人，认为人家并无真实本领，靠的是一张嘴皮子混饭吃。

但这种认识并不全面。当今社会，早就不再是单打独斗的时代。一个人的本领再高强，也必须整合方方面面的力量为自己所用，才有可能成就一番事业。

活到一把年纪以后我慢慢明白了，一个人之所以成功，归根结底只不过是别人要他成功而已。当然，这里说的"别人"，范围很广。众人拾柴火焰高，大家行愿，焉有不成之理？反过来，大家都不喜欢你，处处设卡刁难，又怎么可能成事呢？

"别人"为什么选中你而不是他？这就涉及如何与人相处。人际关系是一门高深的学问，穷其一生，我们都在这当中打滚，不断填着这门学问给

出的试卷。

记住，业务知识和专业技能，固然是你的立身之本，但最终成就你的，将是你和这个世界相处的质量。

二、万事留一线，将来好见面

人生何处不相逢？三十年河东，三十年河西本是生活的常态。你根本就分不清楚，哪些人和你只有一面之缘，哪些人将来会跟你山水相逢。

在当年那部轰动全国的电视剧《走向共和》里，袁世凯有一句台词，给我留下了深刻的印象。大意是不管做任何事情，"心里总是想着，要有下一次"。当年不太懂，以现在的眼光看来，这是很老到的。

世易时移，谁也不知道下一次见面时，大家是一种什么样的状况。因此，最明智的做法，就是关注当下，把握好"这一次"。不管出现任何情况，都不要堵塞了下一次见面的路径。不可衅自我开，自己不说最后一句话，不让对方流第一滴血。任何时候，都不要刻薄揭短，也不要拂袖而去。

不要机关算尽，而要雨露均沾。《鹿鼎记》里面那位韦小宝，每次出老千赢了对方银子之后，总是想法让对方捞回一点，这就是很高明的做法。当然，说这个的目的不是提倡赌博，更不是鼓励大家作弊。

如果别人违反了这个原则怎么办？下一次见面的时候，不妨拿出"渡尽劫波兄弟在，相逢一笑泯恩仇"的精神，主动向他伸出手。这不是怯懦，相反，是自信和强大的表现。

三、君子不可欺，小人不可斗

如果遇到处事正派、勇于担当的人，请一定想办法和他们结交。这样的人，业务能力、综合素质、管理水平都不会差到哪里去。和他们相处，贵在以诚相待，千万不要说谎话耍花样。他们一般不会算计你，可是你一旦失去了他们的信任，基本上就没有机会挽回了。

还有一种人，自己没什么本事，偏偏喜欢搬弄是非、争权夺利。这，就是所谓的小人。人在江湖，遇上这样的家伙，是大概率事件。千万不要和这样的小人争一时的长短，就算击败了他们，多半也是得不偿失。

可以和这些人满面堆笑、勾肩搭背、称兄道弟、利益分享，但你的心里一定要清楚，他们和你是不同的两种人，道不同不相为谋。虚与委蛇的目的，只不过是为了不让他们给你设置障碍，增添不必要的麻烦而已。

当年北宋的名将曹彬，在出征南唐的时候，出人意料地擢拔了一个奸臣做自己的副将，此举让人大跌眼镜。他真实的目的，就是要在这一场堪称必胜的远征中，分一些功劳给对方，免得对方在皇帝面前说自己的坏话，坏了征战的大事。

这，就是对付小人的办法。

听起来，是不是当个小人也蛮不错的？但不要忘了，这样的人，一旦输了，连翻本的机会都不会有。所以相比起来，还是做君子更划算些。

四、你能看见的，只是冰山一角

常言道，"耳听为虚，眼见为实"。其实眼见也未必为实。

世界由两个部分组成：你能看见的和你看不见的。你所看到的，只不过是别人让你看到的东西而已。别忘了，冰山在海面下的部分，才是大头呢！

有些人，看起来业绩和能力都不如你，但偏偏受到尊重，这时候你一定要看一看，人家是不是经过了特殊的历程，才有了今天手中的一切。有些人，看起来德才都不突出，但好事总是有他们的份儿，这时候你一定要想一想，他们是不是为组织做出过特别的贡献。还有些人，看起来很不起眼，但却能够待在不错的位置上，这时候你一定要观察一下，他们是不是拥有独特的人脉、能力和影响。

每一个组织，都有文字写不出的故事；每一个人的背后，也可能存在着某些看不见的力量。在真相面前，自己知道的那点东西，实在是微不足道。

既然如此，还有什么理由不去收起狂妄之心，代之以敬畏之心呢？沉下心来，去读懂你所在的组织，读懂你身边的人，你一定会从这个过程中获益的。

当然这需要一个过程，不可能一蹴而就。我不建议动不动就跳槽，部分的原因也在这里。

五、傻子的特点，就是自以为聪明

真正有智慧的人，看上去总是木木讷讷的。所有的傻瓜，虽然在具体事情上的表现有所不同，但有一个共同特点，就是总觉得自己比别人聪明。

当年有一部很有影响的电视剧，叫作《人民的名义》。里面那个公安厅厅长祁同伟，不可谓不聪明吧！他可以安排一切，似乎也能搞得定一切。结果怎么样？机关算尽太聪明，反误了卿卿性命。混到最后饮弹自尽，你说他是聪明还是傻？

耍小聪明的人是真正的傻瓜，踏踏实实下笨功夫的人其实是真聪明。不管眼下怎么样，三年五年，十年八年以后，这两类人会有天壤之别的。

千万不要觉得别人比你傻。世界上谁比谁傻啊！你那点花招，别人都看得出来，只不过不说破而已。一群人围着你，看你表演，你还在那里乐此不疲——你说谁聪明，谁傻？

如果周围的人都觉得你傻乎乎的，这其实问题不大，说不定还会有一点惊喜。但如果周围的人都觉得你很精明，你就该引起警惕了。

六、不如意事常八九，能与人言无二三

人在江湖漂，哪能不挨刀？有的时候，是明枪，更多的时候，是暗箭。不过这没有关系，人的心本来就是用来装委屈的。委屈装得多了，心也就一点一点地撑大了。所谓内心成长，说穿了，无非就是这么一回事。

每个人都有倾诉的欲望，说出来，心里面也会好受一点，这是可以理解的。但是千万不要傻乎乎的只要心里有事，就逮着别人倾诉。

因为有很多事情你没有办法说。

就算能说，别人并非身临其境，多半也听不懂。

就算听懂了，立场和价值观不一样，也未必能够理解你、支持你。

站在对方的角度，如果你老是那几个话题，时间长了，人家也会感到厌烦的。因为别人没有义务对你挂在嘴上的那点破事感兴趣。

说到这里，想起一件当年的糗事。我二十几岁的时候，香港黑帮片看多了，总是幻想能在KTV遇上一位误入红尘的高颜值文艺女青年，能够走入我的内心，能够倾听我内心的痛苦。实际上，世上根本就不会有一位这样的红颜知己，我的内心，原本也没有那么多痛楚。

千万不要指望，只要受到了委屈，就会有那么一个或者一群倾诉对象听你诉说。这样的想法，一言以蔽之，很傻很天真。要学会自己去消化，你的心灵也会在消化委屈的过程中，变得更加强大。

七、与人方便，自己方便

每个人得到的东西，不过是他所付出那些东西的回向而已。

换句话说，就是你给予别人什么，就从别人那里得到什么，给予了多少就得到多少。

所以，衡量一个人的价值，不在于他得到了多少，而在于他有没有能力做贡献，做出了多少贡献。我们行走江湖，念兹在兹的，就应该是竭尽所能，利乐众生，为大家提供方便。所谓"与人方便"，有两层意思。善用自己手中的资源为他人创造条件，减少障碍，这是与人方便。在与人相处的时候，尽可能消解矛盾，化解冲突，把耳朵听来的东西装进肚子而不是付诸嘴巴，把人和人之间的关系变得简单而不是复杂，这也是与人方便。

当然，老天爷是公平的。哪怕是一点一滴的付出都不会白费，都会得到回报的。不在这里，就在那里，不以这种方式，就以那种方式。

想想吧，四十年后当你抱着孙子吹牛的时候，是愿意对他说"你爷爷我当年成全了多少人，促成了多少事"呢，还是愿意对他说"你爷爷我当年刁难了多少人，搅黄了多少事"呢？

不同的人生价值，就在其中。

八、尊重做具体工作的人

在任何地方，领导都永远是重要的。不过在做实际工作的时候，千万不要眼睛向上，眼里只有领导，看不起做具体工作的人。千万不要觉得领导发话，事情一定搞得定，事实上，远非如此。

很多时候，领导只负责牵线搭桥，要靠从事具体工作的人一一落实。赢得这些人的理解和支持，对做成事情，实在有着说不尽的好处。

做事实在不易，特别是体制内，各种手续、流程、审批足够让你目盲耳聋心发狂。在很多情况下，事情办不成，也怪不得他们。不要对人家心生不满，甚至抱怨指责，要相信，鸡蛋里面挑骨头，蓄意刁难的，永远是少数。

不过话又说回来，如果他们真的想设置障碍，总能够找到一堆借口，这些借口是如此合情合理，以至于多数情况下，即便是顶头上司，也不容易找到正当理由，直接驳斥的。

除非，你重要到可以让大领导亲自出面关照，说"一切困难都不是理由，必须给我办成，有人办事不力，随时找我"。这时，你根本不用理会这些同志。

问题是，你有这么重要吗？你总是这么重要吗？如果不是，还是放低身段，维护好和他们的关系吧。

这中间的曲折，就不展开了，言尽于此吧！

九、允许别人混碗饭吃

大家行走江湖，不过是混碗饭吃。这个"混"字很不好听，不过非常传神，个中种种，意味深长。但永远不要忘记，你要混，别人也要混，要给别人留一碗饭吃。

有钱大家赚，才会大家有钱赚。在合作中，要记得提醒自己，尽可能考虑到伙伴的利益，只有这样，才会长久。因为建立在相互算计上的任何关系，都不可能持久。

说话做事要留有余地，不是特别必要，一般不要当场说破。心里清清楚楚，表面上含含糊糊，至少在中国的管理情境下，这样不容易犯低级错误。由于职业关系，我听过大量的管理讲座，到目前为止，听不出硬伤的，只有寥寥数人而已。发现这些硬伤时，二十几岁的我当场就会跳出来，三十几岁的我会在下面窃窃私语，现在，只要不影响所讲授的道理，只是颔首微笑。人家不过混碗饭吃而已，犯不着当场把人逼入墙角。何况，有时候人家还别有苦衷。

当你不顺利的时候，旁人离你而去，不要大惊小怪，因为别人不过混碗饭吃而已。你不能为别人带来价值，还不允许"良禽择木而栖"吗？

当你战胜挫折，又开始春风得意的时候，先前离开你的人又会纷纷回来。这也很正常，因为别人不过混碗饭吃而已。别去计较，该怎么相处还怎么相处，该怎么使用还怎么使用。当然，用不着对他们太过推心置腹，也就是了。

有的时候你会很烦，但越是焦躁的时候越是考验一个人的修养。这种时候，更需要理解别人。譬如接到骚扰电话，不妨客客气气地挂断。要知道，毕竟别人和你一样，也只不过是混碗饭吃而已。

十、学会一笑置之

世事纷纷，无有穷尽。一百件事情，有九十九件是你穷尽一生也没有办法彻底弄明白的。有时候，人定胜天，更多的时候，天命难违。只要怀着"只怕自己不成佛，不愁没有众生度"的心态，尽到了自己最大的努力就好。至于成败利钝，一笑置之。

功成不必在我。在你手里办成的事儿，都是你一个人的功劳吗？如果不是，那么为别人做做嫁衣裳，又有什么关系呢？就像南怀瑾老先生说的那样，有时候，把别人送上好位置，自己抬抬轿子，舒服得很。至于功劳有没有记在我头上，奖金是不是给我最多，我是不是出了风头，只要不涉及原则，一笑置之。

一个人应该受到广泛接受，但绝无可能让人人都喜欢，除非你是刘德华。"做天难做四月天，蚕要温和麦要寒。行路望晴农望雨，采茶娘子望阴天"。既然不可能取悦所有的人，要是听到一些关于自己的风言风语，不管多么难听，一笑置之。

做事要久久为功，与人相处要历久弥新。哪有那么多是非分明，哪有那么多公正无偏，哪有那么多真诚理解——"天下事了犹未了何妨以不了了之"。该讲清楚的讲清楚，但绝不要多做纠缠，别把自己变成喋喋不休的祥林嫂，而是把它交给时间，一笑置之。

时间也不能证明怎么办？还是一笑置之吧。

有人的地方就有江湖，一千个人眼中就有一千个江湖。

我的江湖规矩，不可以不加分辨地照搬到你的江湖。但不管波涛翻滚还是暗流汹涌，只要动机纯正，善于守护心中正念，就能做到我自巍然不动，在贡献出价值的同时，享受行走江湖的快乐。

最后，用一首王阳明的《啾啾吟》为这篇长文画上句号吧！

　　知者不惑仁不忧，君胡戚戚眉双愁？

　　信步行来皆坦道，凭天判下非人谋。

　　用之则行舍即休，此身浩荡浮虚舟。

　　丈夫落落掀天地，岂顾束缚如穷囚！

　　千金之珠弹鸟雀，掘土何烦用镯镂？

　　君不见东家老翁防虎患，虎夜入室衔其头？

　　西家儿童不识虎，报竿驱虎如驱牛。

　　痴人惩噎遂废食，愚者畏溺先自投。

　　人生达命自洒落，忧谗避毁徒啾啾。

（2018 年 7 月 4 日）

管理者的"四争"与"四不争"

既然身在江湖，就不可能与江湖上的恩怨纷争绝缘。面对种种矛盾冲突，何时应进，何时应退？何者当舍，何者当得？如何进取，又如何恬淡？这类问题会贯穿于职业生涯的始终，是每一个管理者，特别是年轻管理者必须回答的问题。

在这种问题面前，应该秉承什么样的基本态度和基本原则呢？总的原则不外乎两条：第一条叫作"义大利"，意思是仁义重于利益，处事要符合做人立身的基本道理，才能长久；第二条叫作"放眼量"，牢骚太盛防肠断，风物长宜放眼量，意思是长远重于眼前，成长压倒一切。毕竟生活不只眼前的苟且，还有诗和远方！

有了大原则，具体应该怎么操作呢？

一、争贡献不争成果

身为管理者，应该具备"反求诸己"的精神和胸怀。在工作面前，首先要督促自己和自己的团队竭尽全力，做好付出。在争取任何东西之前，先问自己"我有没有做到最好"。出现偏差时，虽然大可不必主动揽过，但也要反思内省，汲取教训。这一点，是一切的基础，万万含糊不得。

只要自己在过程中做出了最大程度的贡献，能够问心无愧，至于事情能办到何种程度，结果是否圆满，则大可保持一种"功成不必在我"的超脱心态。这样，反而有助于你放下患得患失之心，最终实现功德圆满。

在工作完成的过程中，自然要"动如脱兔"，要积极进取、大胆展示，这都是不言而喻的。但事情办成后，就要"静若处子"。在成果面前，更富于智慧的做法是"后其身而身先，外其身而身存"。要学会适当"推功"，把花环戴在上司头上，把功劳归于团队，把奖赏分给下属，用不着和别人计较排名的先后、表扬的多少，把这些都看成身外之物，在看似失去眼前利益的同时，会为你带来更大的信任、更好的形象和更多的机会。

二、争机会不争利益

有了机会，就能做更多的事情，就能在做事的过程中得到成长，这才是未来长远利益的根本保障。某种程度上，有了机会，就有一切；失去机会，失去一切。所以，在机会面前，要理直气壮，充满自信，当仁不让，全力以赴，这没有什么好客气的。

但只要你还想继续成长，就该把关注的焦点放在通过机会做好工作上，而不是通过机会攫取利益。利益面前，不妨大度一些。分给你的项目奖金，多百分之十还是少百分之十；老板发给你的红包，大一点还是小一点；隔壁办公室的老王，比你拿的多一点还是少一点，这些问题真的那么重要吗？不，在成长进步面前，这些东西统统不值一提。当有朝一日你不可替代之时，这些问题统统都不是问题。

不同维度之间没有竞争，低维的资源对高维没有用——聪明的你，应该懂得这话的意思吧？

不争利益，还有一层意思。当你手上或多或少掌握了一些资源的时候，一定记住，所有的钓钩上，一定都串着叫作"利益"的诱饵。在利益面前保持清醒，用敬畏之心去克制贪婪，你就不会去咬钩。韩国著名棋手李昌镐，能赢十目的棋只赢两目，很少踏入对手的陷阱，是以有"石佛"的美誉。他山之石，可以攻玉，这对每一个管理者都是莫大的启示。

三、争团队不争个人

当时势所迫，不得不争的时候，应该怎样争？应该出自公心地争。

怎么样才能让上司觉得你是出自公心的？很简单，你不是为自己争取什么。你是在代表你的团队争取做事的机会，争取完成工作的条件，争取应得的待遇。

因此，从今天起，请改一下你的说话习惯，不要再对你的上司说"凭什么我不能和别人一样"，而要对他说"凭什么我的弟兄们不能和别人一样"。

但是请记住，"市恩"，就是施恩求报，是会适得其反的。为团队争来了东西以后，不要觉得自己就是大功臣哦！什么都不要说，只要把弄来的东西分给大家，善用争取来的条件和机会，做好手上的事情，就足够了。如果你有哪怕一丝想要下属感恩戴德，或者是担心别人不知道你所付出的努力这类想法，就说明你的胸怀和格局还有待精进。

埃里希·曼施泰因有一句名言，大意是长官不可让士兵无谓地承受牺牲，在事关切身利益的时候，必须全力为士兵争取。所以，把你为团队做的事情，视作理所应当，你会觉得很舒服的。

四、争道理不争意气

做事，正确很重要，所以任何时候都要讲道理。要保证用正确的方式做正确的事情，在涉及诸如合法性、做人的基本道理、组织的使命和宗旨等原则问题上，必须据理力争，不能够盲目服从违背法规、伦理和基本规律的指令，不管这样的指令是谁发出的。

意气之争，是一个人不成熟的典型表现。这个世界上最不值钱的就是一时的意气之快，偏偏很多人事到临头总是看不穿这一点。身为管理者，更是必须克服这个人性的弱点。不争意气，要做到不计前嫌、不逞口舌、不论方式。

人似秋鸿来有信，事如春梦了无痕。事情过去了就让它过去，绝对不可以搞秋后算账，也不能动不动就联想到或者提起以往那些不愉快的事情。这，就叫不计前嫌。

嘴巴上占别人一点便宜，没有任何意义。任何时候，说话留下三分余地，不可说得过满、过死，不做价值判断，不讨论非实质性问题，少争论非原则性问题，更不要言语刻薄，把对方挤入死角。记住，口舌之争，虽胜犹败，笑着开始，笑着结束。这，就是不逞口舌。

不管别人的态度如何，只要并非出自恶意，都不要放在心上。不管别人做的事在你看来多么恶心，说的话在你看来多么刺耳，只要不涉及原则底线，学会一笑置之。这，叫作不论方式。

你在乎的东西并不总是简单地"争"就可以到手的。很多时候，不争就是争，不争胜过争。一个管理者，参悟"争"和"不争"的辩证法，就像下围棋时获取了一段厚势，一定会在漫长的棋局中持续地发挥作用。

（2018 年 3 月 21 日）

也无风雨也无晴——感叹管理者的复杂性

2019 年 3 月 5 日，褚时健先生去世。

一个传奇，就此落幕。

身为管理学教授，我该怎样向学生讲解"褚时健"这个名字，以及这个名字所展现的一切，所代表的一切，所隐喻的一切？

他曾把玉溪厂建设成亚洲第一大卷烟企业，做出了不可磨灭的贡献，但他的手，也确确实实曾伸向了不属于自己的财产。

他在狱中服刑的时间是很短，后来确确实实完成了从"烟王"向"橙王"的转身。

斯人已然驾鹤。若干年后，"褚橙"这个品牌或许也将灰飞烟灭。但当所有这些都不复存在之后，"褚时健"这个名字，还会沉淀一些意义吗？

正是他，用人生轨迹昭示我们世界的真相。

世界是复杂的，每一处光辉的背后，都有黑暗的角落。在秩序与混乱、规则与弊端、承诺与背弃交织的商业世界，更是如此。

然而，正是他，用耄耋之身教给我们如何拥抱变化。

也许他选择的行业并非风口，但他做到了在风中飞扬，这是因为他在快钱遍地的环境中，仍然执着于"十年磨一剑"的坚持。创业、电商、网红这些名词可以同时属于八十岁的老人吗？他的答案是：可以。但前提是与时俱进，不断学习，不断思考，不断实践，不断扬弃。

正是他，用亲身经历告诉我们，进化，具有无限可能。

人生苦短，正该"大闹一场，悄然离去"。我们也借此进行自己的进化。否则，如果在离去的时候，和到来的时候一模一样，人生一世又有什么意义呢？从政府到企业，从没落到辉煌，从巅峰到陨落，从大喜到大悲，从销声匿迹到家喻户晓，从阶下囚到特别致敬人物……他的一生，书写了太多不同的篇章。进化的神秘力量，仿佛选中了他作为展示的标本。在他的经历面前，我们的喜怒哀乐都不值一提，但你我，如同他一样，都存在着生命的无穷可能。

这些，就是"褚时健"三个字超越时空所在。

他经历了不该属于六十岁的艰辛与操劳，不该属于七十岁的痛苦与耻辱，不该属于八十岁的奋斗与砥砺。

他留下了最深沉的思考，最扼腕的叹息和最励志的传奇。

俱往矣，最耀眼的光环，最热烈的争议和最深切的敬仰！虽然我相信，以他的经历，早就勘破了这一切梦幻泡影。

归去，也无风雨也无晴。

（2019 年 3 月 6 日）

2014 年 12 月 18 日，褚时健荣获人民网主办的第九届人民企业社会责任奖特别致敬人物奖

洞见组织：管理视角看热点

这一部分主要是对一些热点事件的实时解读。在写这些短文的时候，我想的是用管理的视角，把这些事件作为理解和践行管理的例子，试图借此传递对于组织特性的认识。

对组织的运行规律加以认识，对管理者是有百利而无一害的事情。组织的特性可以借由任何事件反映出来，就像每一滴水珠都会映出太阳的光辉一样。因而不论这部分的话题看上去多么宽泛，都要记住，管理这个"体"是不变的，千变万化的，只是在不同情境下生出的诸般"相"和"用"而已。

2019 年起的疫情深刻地影响并在继续影响着这个世界。疫情牵动了每个人的心。本部分有几篇短文，记录了那时候的观察与思考，当然仍然站在管理研究者的角度。这些短文主要是疫情对企业的启示，话题涉及企业应急管理、对可能出现情况的预判，以及疫情可能带来的机遇。可以聊以自慰的是，今天回过头来看这些，似乎也不全是无稽之谈。

在编辑本书的时候，成都的疫情又有反复，也借这组短文致敬伟大的抗疫工作者，并祝祷山河无恙，百姓安康。

捐赠里皮——从国足换帅看恒大的策略水平

国足选帅尘埃落定。不出所料，里皮团队以每年 2000 万欧元的代价与足协签约三年。恒大俱乐部随即宣布中止先前与里皮签的执教合约，改聘里皮团队为足校顾问，用这种方式承担了里皮团队 2000 万年薪中的 1550 万——显然，这相当于恒大买来里皮，然后捐赠给了中国足协。

恒大在职业足球行业的策略运作向来有声有色，从进入足球产业的立意高度，到业务协同莫不如此。这次也不例外，同样折射出恒大具有现代水准的策略运作。

从这件事，我们看到了恒大的响应速度。

从国家队兵败塔什干后启动选帅，到最后的官宣，前后不过两周而已。在这短短的时间里，恒大必须第一时间拍板，还要完成与足协的沟通、与里皮的沟通、替补人选的确定，以及大量的细节工作和事务性工作。可想而知，恒大这个庞大的组织，在此期间是以怎样的效率运作的。还有，这个过程，时间不允许半点闪失，因而响应速度的背后，是强大的执行力。当环境发生重大变化的时候，能够第一时间做出反应，机会才不至于流失。在组织内部，围绕这一机会，各环节迅速响应，才能把老板的设想变成现实。恒大展现的内部、外部速度，值得每个企业学习。

从这件事，我们看到恒大在策略计划上的柔性。

要知道，恒大俱乐部作为上市公司，是要通过经营活动为股东创造价值的。离开球队成绩，经营就成了无源之水、无本之木。恒大早在 2016 年 8 月 3 日，就与里皮签了合同。如果没有替代方案，恐怕也很难如此痛快地交出里皮。事实上，恒大第一时间搞定了斯科拉里留任的问题，这次未遂的换帅，不会对球队的运作产生大的冲击。这说明，恒大对未来的变化，是有预案准备的，对这次选帅带来的冲击，是按部就班应对的。不管看起来未来多么确定，永远考虑到变化的可能性，永远准备好应变预案，永远为应变预留资源，这是恒大给我们的启示。

我们还能发现，恒大的举措，是着眼于协同，而不是事情本身。

试想，全国的球队，里皮最熟悉的是哪家？恒大。排除人为因素，未来的国脚大户是哪家？恒大。一个队员只要入选国足，一定身价大增，哪家会是最大的受益者？还是恒大。别忘了，恒大从去年开始，就将国内球员培养作为自己的战略了，而这次为里皮团队安排的位置，恰恰是足球学校顾问，难道真的找不到别的位置安排他们吗？还有，站在足协的角度，人家为你付出了这么多，不说感动吧，在以后的赛季，如果还要为难人家，这不太合适吧？

这次交易，恒大三年支付 4650 万欧元，这是多少呢？以 2016 年 6 月房价计，如果一套房子 160 平方米的话，这笔钱的现值大致可以买北京的 48 套半，或广州的 102 套新房子。

恒大得到了什么？把自己变成了为中国足球挺身而出的拯救者，变成了足以影响国家队乃至中国足协的一面旗帜，变成了响应国家号召的先行者，为自己的各项业务创造了有利的环境……真的不能再多了。两相权衡，这太合算了吧。

恒大为什么可以做到？为什么是恒大而不是别人？这背后只是钱的问题吗？其间种种，值得每一个战略管理者深思。

（2016 年 11 月 26 日）

圣母院的大火与组织的愚钝

巴黎圣母院在大火中坍塌。

没有人不珍惜这座凝聚着历史、文化、艺术的建筑，但它就这样毁掉了。目睹着文明在烈焰中化为灰烬，人们战栗、哭泣、祈祷、痛惜。

从披露的情况看，这场大火的起因，来自翻新工程施工。我不相信，在巴黎圣母院这样历史悠久、影响巨大、结构脆弱的建筑上动手，施工单位和市政当局会不重视安全防范，会不考虑到种种情况，会不编制种种预案。

但那又怎样？悲剧还是发生了。

往者不谏，来者可追，我们能从悲剧中学到什么？

类似此次巴黎圣母院大火这样的灾难，是典型的"小概率大影响事件"——发生的概率几乎为零，但一旦发生，便是弥天大祸，九州聚铁也难铸此错的那种。

任何正常的管理体系，都不会忽视这种事件，恰恰相反，会用制度、规则、流程、责任、演练、预案等十八般武艺，把它重重防护起来。在防护之中，系统会变得越来越可靠，于是在很多年中，都不会出事。

但有利与不利，总是你中有我，我中有你的。在系统变得可靠的同时，组织却会变得愚钝起来。这是组织学习的特点决定的。

首先，和个体一样，组织也会从历史中学习。

这种学习方式，会让人们从历史中总结经验，会使人们相信历史是会重演的。于是，历史上发生过的事情，总是得到高度重视；历史上没有发生的事情，人们却往往倾向于相信它不会发生。

重视历史，就会让人们习惯于重复过去的成功。长期用过去熟悉的方式做事的结果，就会使人慢慢地对变化的环境视而不见，用过去的做法应付变化的现实。

特别是在"小概率大影响事件"面前，每个人都知道它是很可怕的，但每个人都没见过它的样子。大多数人就会低估它发生的概率——直说吧，就是认为"在我手里不至于出事"。人们抱着这种念头，组织就会逐渐丧失对变化的敏感。

其次，和个体一样，长期的成功，会影响组织在风险面前的处置方式。

一切成功的背后，一定既有能力因素，又有运气因素。长期的成功，会使人忽略运气因素，高估能力因素，因而低估历史上曾经的风险。因为人总是从历史中学习，所以也就会低估现实中面临的风险。

在一连串的成功和胜利刺激下，人会低估风险。低估风险的人，在行为上，就会自觉不自觉地选择风险比较高的方式。

于是，风险就会逐渐积累，直到有一天，达到临界点，发生了看上去突如其来的大逆转。殊不知，突变的原因，正是在顺风满帆的日子里一点一滴积累下来的。

人是这个样子，组织亦复如是。

个人会被胜利冲昏头脑，组织也会。背后的机理，大抵如此。

巴黎圣母院数百年来安然矗立，这不能不说是管理上巨大的成功。

于是，组织从年复一年的平安无事之中学到的，是安全、稳定、可靠、不出问题，但这些东西蒙蔽着组织的眼睛，使组织慢慢变得愚钝，直到今天，一场大火把一切化为乌有。

如何打破组织的愚钝？最好的办法就是刺激，用细致苛刻，用严刑峻法唤起组织的敏锐。在"小概率大影响事件"面前，没有情面可讲，也无松懈的余地——中石油的 QHSE、中石化的 HSSE 管理体系虽然有瑕疵，但拿这次的灾难来印证，它们自有其高明之处。

当然，巴黎当局的表现也并不是一无是处。就目前所知，大火没有造成人员伤亡。这证明，至少他们没有把公共财产放在高于一切的位置，没有轻率地把救援人员置于危险的境地。

因为，再珍贵的东西也是物，它的重要性不应该超过人的生命。

凭这一点，值得给巴黎当局点一个赞，但这永远不能掩盖灾难带来的损失。

巴黎依旧浪漫，钟楼终将重新矗立，卡西莫多也一定会等来心爱的姑娘。

但附着在建筑中的那些历史和魂魄，一旦毁掉，便永不再来。

天数茫茫不可逃，可人为因素，总是可防、可管、可治、可控的。

愿有一天，灾难绝迹于世间。毕竟除了巴黎圣母院，人类还有那么多寺庙、宫殿，还有那么多博物院、陈列馆，在风险面前，它们都是脆弱的。

（2019 年 4 月 16 日）

以疫为师——中小企业从疫情中学到什么

社会在紧急状态下运行了很多天。

如果说，宅在家里久了会给我们带来痛苦的话，那么经营活动停摆，对企业主来说就是巨大的灾难。

具体就不描述了，说起来都是泪。

大势如此，广大中小企业也只能是覆巢之下，焉有完卵。

但要相信，就算是遭受小行星撞击地球那样的打击，也一定会有很多生命顽强地活下来。

因为进化仍将延续下去。

逝者已矣，重要的是活下来的能从中学到什么，从而可以应对茫茫未来中的不确定性。

我常想，如果不懂得反思，不去汲取教训，一味陶醉在侥幸逃脱的庆幸中的话，当下次危险来临的时候，又当如何呢？

不要想多了，我说的是企业。

这次的疫情给广大中小企业上了一课。老师就是严峻的疫情，教材是由那些熬不下去的企业用血泪写成的。课文很简单，就是三句话。

第一句：树立系统风险的观念。

对企业来说，岁月静好的时代已经一去不返了。如若不信，就看看这些年，从非典到新冠肺炎、从房价飙升到环保风暴、从电商挤压到中美贸易摩擦，发生了多少大事？

还好，多数风险事件不是没有迹象可循的——就拿这次新冠肺炎疫情来说，之前不是也有那么多蛛丝马迹吗？

做一只鸵鸟，对这些事件视而不见，只顾埋头做好自己的业务，显然不行。

作为企业主，只要还想让自己的事业延续下去，就必须对下一次的打击做好准备。这种准备，首先是思想观念上的。因为只有保持警惕而不是麻痹大意，才是生存的前提条件。

企业要增强与社会的链接。这种链接，不仅仅是请客户吃饭、给官员汇报、在行业协会上露脸那么简单，虽然这些都很重要。

这种链接，应该是随时保持对环境变化的觉知，一旦有变，能够像一个即将走上战场的战士那样充满警觉，绷紧每一根神经，鼓起每一块肌肉。

企业主，不论大小，在关注自己业务的同时，一定要时时留意经济社会的变化，不断动脑筋预判，并且用事态的发展来印证自己的判断，在这种循环往复的头脑体操中提升觉知能力。

如果觉得上面说的这些太难，最起码也要做到，在环境出现风吹草动的时候，能够找到靠谱的人问计。

还有，让自己出现在政府的视野中，以便在申请各种基金、补贴、补助中占据一个有利的位置。这些东西一旦到手，都是净利润，你懂的。

弱小和无知不是生存障碍，傲慢才是——记住刘慈欣的名言吧！

第二句：储备过冬的口粮。

在这次疫情中倒下的企业，一定有一个共同的原因——撑不下去。为什么撑不下去？因为账上没有那么多钱。

身为咨询顾问，每次看到企业追求高速发展，哪怕户头不留余钱也在所不惜的时候，往往在感到振奋的同时，有一种背心发凉的感觉。

我一贯主张，企业在任何时候，都要做好一夜之间停摆的准备。为此，必须囤积一份过冬的口粮。

这份口粮一定包括现金，注意不是别的流动资产，用来应付现金流断绝的情况——就像在疫情下，很多酒店不得开门营业那种紧急状况。

如果你的企业是必须维系连续生产，一旦停产设备就会报废的那种，还必须储备一些原材料，至少在发生紧急状况下，要有靠谱的来源或者应对预案。

如果有些作业现场远离主要的交通线和居民点，还要为他们储备生活资料。

这些东西是拿来应付最紧急情况的。换句话说，不管发生什么状况，只要这些东西还没有动用，老板的心里就是有底的。

这份粮草多少合适？依据各人对环境的乐观程度而定吧，不过我的建议是总要至少维持两个月的生存才好。

这当然会占用资金，也许会拖慢发展速度，但在风波到来的时候绝对有助于保全性命——只要你承认今天和十几年前不是同一个时代。

除非你的企业不用担心倒闭。

稻盛和夫在《活法》中讲了一个关于松下幸之助的小故事：在一次中小企业家会场，松下提出了"水库式经营"的理念，即在未受天气和环境影响时，建水库蓄水，使水量保持一定范围之内，免受洪涝和干旱等自然灾害影响。听讲的很多老板觉得这不够接地气，就问："怎么样能做到，具体方法是什么？"松下回应说："我也不知道，反正你必须这样想。"问的人很不满，觉得这是空谈，但在场的稻盛和夫把这句"反正你必须这样想"铭记在心。后面的漫长岁月中，这句话帮助他安然度过了一个又一个危机时刻。

现在明白这个故事的深意了吧？

第三句：练好内功，做好自己。

对新型冠状肺炎病毒还没有特效药，一旦染上只能靠机体自身发挥免疫力撑过去。同样，面对未来的不确定性，企业最根本的应对之道还是增强自身的抵抗力，因为病毒总是先杀死那些羸弱的个体。

中小企业一定要练好内功，做好自己。

这场危机，停摆的是线下的世界。但谁也说不准，下一次受打击的会不会是线上的世界。因此，中小企业必须具备线上和线下两套能力。老板们要时时问自己，如果线下的世界瘫痪了，我们能不能在线上想办法？反过来，如果有一天互联网突然瘫痪了，我们有没有线下的救急手段？

作为中小企业，必须紧紧抓住你的核心骨干。厂房没有可以建，钱没有可以筹措，品牌没有可以创造，但若是人才没有了，那就一切都完了。拿这次疫情来说，有的省份被切断了交通，有的省份开工时间大大延迟，这时候，原来的骨干流失的风险就加大了。疫情之后必然会有一波恢复性的增长，如果那时候他们还会回来，全年翻本还有希望，但如果他们不回来，就连这点希望都不会有了。

作为中小企业，必须管控好成本。不管别人怎么吹嘘，降低成本永远是企业经营的硬道理。只有成本降低，利润才会增加，抗打击能力才会增强。记住，当你和同伴遇到吃人的老虎时，重要的不是你比老虎跑得快，而是你比同伴跑得快。这是商业世界不易的逻辑。

作为中小企业，还必须建设好内部氛围。过去很多人觉得这很虚，但虚实之间，往往会有微妙的联系。拿这次的情况来印证，疫情之中的双倍工资，疫情之后员工会不会回来上班，回来以后的工作时长、劳动保护、加班工资这些统统都是问题，如果企业的氛围比较好，凝聚力比较强，这些问题解决起来就会容易一些。

练好内功不能保证企业不死，但至少可以让企业拖得久一些。这就是意义，因为希望，往往出现在最后五分钟的坚持之中。

物竞天择，适者生存。每一次突发的事件都是一次残酷的自然选择。它会无情地淘汰掉那些进化速度慢的企业，从而保留有利的基因——觉知和反应、预做准备、坚强的团队、优异的成本管控、强大的凝聚力，当然还有不懈的创新。

中小企业的规模不大，受关注不够，这决定了它们对抗风险的能力不那么强。但换个角度来看，它们比较灵活，速度更快，这使得它们反而有可能以更快的速度进行进化。

死亡与生命同在，打击和进化共演，希望这场疫情，能够成为中国中小企业进化的里程碑；希望挺过去的中小企业，都能够有一个美好的明天！

（2020 年 2 月 3 日）

未雨绸缪——企业应预防疫情反复

国内的疫情接近尾声，我们正在回到正常的生产生活秩序之中。企业正铆足了劲儿恢复生产，争取把失去的时间夺回来。但我想提醒的是，疫情有可能出现波动甚至反复，企业必须为此预做准备。

做出这个判断，基于如下认识。

第一，在疫苗出现之前，人类和病毒的斗争没有"胜利"二字可言。越来越多的专家相信，新冠病毒将会持续存在，而且目前存在一定数量的无症状感染者。这意味着，在一定的条件下，它存在重新传播开来的可能。

第二，社会运行恢复正常，防控无法滴水不漏。如果说，前一段时间停摆的社会，是在防控疫情的单一目标下运行的话，逐渐恢复正常秩序的社会，就必须在疫情防控、经济发展、社会稳定等多目标下运行。社会运行的复杂性决定了疫情防控很难做到像前一段时间那样严格。而且，在境外疫情继续蔓延的大环境下，我国要想置身事外，难度也很大。

第三，应对方式存在不确定性。万一在某地出现数量极少的持续性传播本地病例，公共管理会如何应对？会不会回到硬核抗疫的老路上？会不会断然推出"一刀切"的措施？所有这些问题的答案不得而知，在对公共政策制定者带来巨大挑战的同时，也给企业增添了不确定性。

疫情在未来出现反复的概率绝对不是零。综合目前的信息判断，风险较高的时间段就是最近的两三个月，以及秋冬之交，可能的形式，是一地或者数地出现少量本地病例。

如果近期发生状况的话，企业能够从政府那里得到的帮助也许不会那么多。政府的资源已经极大消耗，能用的政策手段也都已经使出，更多要靠企业自己。

相信已经很少有中小企业可以再经受五六十天的停摆了，因而从现在开始做一些未雨绸缪的安排是必要的。

首先，密切关注，做好预案。

一定和相关政府部门保持密切的联系，争取第一时间获取信息。如果有私人联系，则更好。在公司内部，要检测员工的健康状况，出现问题及时处理上报。更重要的，准备一份疫情复发的应对预案，在里面估计较好、一般、较差三种情形，并针对每一种情形列出应对行动。

其次，加快线上转型。

疫情期间很多企业都开展了线上办公，千万不要把它当成权宜之计，而是要尽可能把它作为线下工作的替代品。现在还在依赖线下的要尽可能转变，理想状态是线上线下两条腿走路，都能活下去，而且可以快速切换。稻盛和夫先生说，要"构思出于乐观，计划本于悲观，实行基于乐观"。

最后，要准备一些防护物资。

现在的产能已经扩大，不需要太多。参照军队后勤基数的概念，以一周消耗量为一个基数，一两个基数足矣。

至于一些具体的举措，可以参见拙文《以疫为师——中小企业从疫情中学到什么》。

2020年1月25日，尹力省长在应对新冠肺炎疫情应急指挥部工作会议上的讲话中指出，要"以大概率思维应对小概率事件"。本人对这句话的服膺实在无以言表。

时至今日，企业，特别是中小企业，在眼望前路的同时，也要为可能出现的变故预留后手。我希望疫情反复永不出现，但万一发生，事先有所准备，绝对比仓促应变好上一万倍。

正如孙子他老人家的教诲："无恃其不来，恃吾有以待也；无恃其不攻，恃吾有所不可攻也。"

但愿我的担心纯属杞人忧天。

（2020 年 3 月 25 日）

危中寻机——公司如何从在家办公中获益

疫情袭来的时候，在家办公（Work From Home，以下简称 WFH）是企业的无奈选择。但在防控形势逐渐明朗、社会生活渐趋恢复的今天，WFH 却成了诸多大公司的共同选择。

推特宣布，允许员工永久在家办公。

高盛的员工中，技术和数据相关岗位可望永久 WFH。

疫情结束后将继续 WFH 的大公司还包括亚马逊、脸书、约翰·摩根等等。

WFH 为什么受到诸多知名企业的青睐？

原因有且只有一个，就是 WFH 能给公司带来益处。

这些益处是什么？企业应该怎么做才能获得这些益处？这就是今天的话题。

第一，公司可以从 WFH 带来的成本节省中获益。

WFH 的好处之中，最为简单粗暴的一条，就是它可以降低费用。

员工在家办公，就不需要办公室空间和设备，因而可以节省一大笔房租、水电费、装修费、办公设备、办公家具和办公用品。对于提供工作餐的公司，还可以减少这方面的支出。

赚来的钱是钱，省下来的，也是真金白银。

这是很简单的道理，我不理解何以很多企业就是不明白。

WFH可以节省成本这件事情，当然不是今天才被人们发现。之所以疫情之前没有大规模推行WFH，是因为担心员工在家工作不好监督，会影响效率而已。

其实只要节约的成本超过潜在的损失，WFH就是有益的。为了准确把握这一点，就要求企业具有精确的成本核算能力，能够准确评估WFH的得失。

这也是公司能从节省成本方面获益的前提。

但请注意，前面说的一句话——只要节约的成本超过潜在的损失，WFH就是有益的。

这话其实是有问题的——谁说WFH一定会损害效率呢？

WFH是有可能提升效率的，这就引出下一条。

第二，公司可以从WFH带来的效率改进中获益。

通过WFH实现效率提升，这是一个更深层次的好处。

WFH对于提升效率，其实是很有好处的。

首先，在家办公使得员工免除了通勤的烦恼，既从通勤路上的痛苦中解脱出来，又可以增加睡眠休息的时间，这有利于提高工效。

其次，员工不在一起，就会减少很多无谓的打扰。

更重要的是，员工在家办公，大大减少了人际联系，这有利于减少各种摩擦、掣肘、情绪冲突，降低人际因素对效率的影响。

当然WFH也有一些不利的因素。

在家工作的员工离现场比较远，在出现问题的时候不容易获得直观信息。

在家工作使得员工处在各司其事的状态，物理距离的加大使得线上的工作现场不太容易形成面对面时的那种互相激励、互相启发的氛围。而这种氛围对于激发创造力、提高创新能力来说，有的时候是至关重要的。

要让WFH带来效率改进，就是要创造条件，最大限度地发挥其有利因素，制约其不利因素。

如果在家办公的效率超过在办公室办公，WFH 就既可以降低成本又可以提高效率，两全其美。

要做到这一点并不容易。

公司首先要给在家办公者提供足够的设备保障，比如能够满足性能要求的电脑、音视频设备，网络连接出现问题时的补救措施，等等。

比这个更重要的，公司应该明确 WFH 的范围，对于那些适于 WFH 的岗位，要考虑是否需要修订岗位说明书或作业指导书；公司应该有一个更加细致明晰的流程，让每一个人都清楚自己责权所在，明白下一个环节是什么；公司的管理制度应该变得更具有可执行性，而不是仅仅满足文牍的要求；公司还要建设线上工作的组织与激励氛围。

因而，对于公司来说，能否通过 WFH 提高效率，关键在于是否具备适应这种全新工作方式的管理体系，保证线上工作方式可以顺利地替代线下工作方式。

这是公司通过 WFH 获得效率改进的前提。

有没有注意到，刚才说到管理体系，实际上暗含着组织调整的意思？

这就是我们要讲的下一个话题。

第三，公司可以从 WFH 带来的变革中获益。

你可以把 WFH 视为一种工作方式的变化，但这种变化显然会带来一些更为深远的影响。

实行 WFH，意味着公司内部可能分化成在家工作和在现场工作两个群落，他们之间的工作要求、工作程序、工作观念和工作风格如此不同，以至于存在割裂组织的风险，还不要说在这两类人员之间总会流动着一些微妙的情绪。举个例子，大学里的专业教师和行政管理人员之间的鸿沟，就是这种割裂的一个表现。

实行 WFH，意味着不能把管理线下工作场合的方法一成不变地搬到线上。从演化的角度来看，组织管理实质上是向着更松散，而不是更严密的方向迈进了一步。如果把这一步视为现代组织形态去中心化进程的一部分，那么它一定会唤起授权的变化，甚至结构的变化。

实行WFH，意味着严格正式的组织氛围会受到解消。假设一家公司要求员工必须准时着正装出现在摄像头前办公，试想，当员工在整整一个季度中每天过着上半身西装领带，下半身沙滩裤人字拖的日子，这个组织过去积累起来的非常正规严肃的文化氛围，在他心中还能剩下多少呢？但这种影响因人而异，因而一段时间的WFH，有可能带来组织文化整合上的问题。

实行WFH，意味着员工之间工作以外的联系被降到最低限度，正式组织对员工个人的影响减小，各种非正式组织——各种小团体的影响会变得更大。也许，对较大规模的公司而言，在诸如团建、文化宣贯、凝聚力建设等方面积累的影响力，会敌不过一些内部的KOL（Key Opinion Leader，关键意见领袖）。

凡此种种，都不是对过去的管理体系修修补补就能解决的，它们可能会拉开公司内部一场深刻变革的帷幕。

无法判断这种变革会把每一家公司导向何方。

但从上面说的几点看上去，WFH似乎更适合那些去中心化的、基层权限更大的、内部交流更为自发而有效的、价值观统一而组织内部文化氛围不太正式的、正式组织与非正式组织共生的企业。

这些特点，恰好也是现代动态竞争环境对组织的要求。

如果一家身处动态环境中的公司能把WFH作为推动变革的入口，从而主动把自己变成这个样子的话，就算是占据了WFH的风口。

这，也是WFH带给企业最大的战略利益。

一言以蔽之，WFH会带给公司一些战术层面的好处，也可能会有一些战略层面的机会。它对一家公司究竟意味着什么，要看公司如何看待它

——从降低成本的手段到变革的入口，你怎么认识它，它对你就有怎样的意义。

不过人心难料，天知道会不会有一天，大家会厌倦在家工作呢？毕竟，WFH 意味着你再也不能打着去办公室加班之类的幌子，偷偷跑出去喝咖啡或者干别的。

那时候，回归办公室又将成为主流。

也许 WFH 和 WFO（Work From the Office）是宿命中安排好的一对循环，谁知道呢？

那也没关系，反正时尚总是几十年一个轮回。

到那时候，我再写一篇《公司如何从 WFO 中获益》吧！

（2020 年 5 月 20 日）

力帆启示录

2020 年 8 月 6 日，力帆集团发布公告，宣称其控股股东重庆力帆控股有限公司（以下简称"力帆控股"）申请破产重组。

力帆集团自身也岌岌可危。据报道，今年一季度集团资产负债率达到 85.93%，距离资不抵债不过一步之遥。更危险的是，集团 157.19 亿元的总债务中，需要在一年内偿还的短期债务就有 90.75 亿元。如果再不拿出大手笔进行转型重组，只怕集团自身的生存也会遇到困难。

在商业的世界里，来来往往，分分合合，生生死死都是常态，本不值得太过萦怀。但这次的力帆有些不同，它的身上承载着太多典型的意义。

一言以蔽之，力帆是一家由改革开放后第一代企业家领军的，主营业务属于衰退产业的家族企业。

力帆赖以起家的摩托车行业正处在衰退当中。据行业网站数据，2013 至 2018 年，全国摩托车销量总体上呈下降趋势，销量从 2013 年的 2304.5 万辆下降到 2018 年的 1557.1 万辆，降幅高达 32.4%。到了 2019 年，由于国四标准切换逐步完成和电动摩托车高速增长，销量恢复到 1713.3 万辆，也还不到 2013 年的四分之三。

如果身处衰退行业，企业的战略选择无非就两条。

一是继续精耕，争取从衰退行业中继续榨取利润。在具体做法上可以瞄准细分市场，不断进行创新，或者眼光向外，寻找新的海外市场。当衰退并不迅猛时，这个策略是可行的。在摩托车行业，也有这样的范例——据财报显示，2019年，本田摩托销售达到2023.8万辆，同比增长3.5%。

另一条路，就是实施战略转移，壮士断腕，转型求生。但这样做，意味着业务上的大扬大弃、组织上的重大转变和文化上的相应调整。这方面成功的例子不胜枚举。但这样做有个很重要的前提，就是要选择那些具有广阔前景，而且自己有可能取得领先地位的行业作为战略转移的目标。从成功者的经验来看，选择To B业务的比较多，比如索尼进入医疗设备市场和向亚马逊与谷歌开放提供基于云端的电视串流服务，松下进入冷藏冷冻设备和新能源电池，日立发展健康和智能物流等新业务，诺基亚豪赌5G技术，等等。

但力帆的选择是造汽车。这意味着力帆选择以技术上的"仰攻"姿态，试图在产业链的诸多环节从无到有，加入一个格局已经高度固化的To C行业。做得好，有可能成为又一个吉利。但要看到，吉利和力帆，在区位、政策环境、技术沉淀、介入时机、市场机遇，乃至管理风格、文化氛围诸方面，差别都是很明显的。种种原因决定了力帆成不了第二个吉利。十几年来的实践，也证明了这一点。

更重要的，力帆进入汽车行业，更像一次跨行业的战术发展，而不是大开大合的战略转移——如若不信，不妨问问自己，今天当你听到"力帆"二字的时候，心里觉得和造摩托的那个力帆有多大区别呢？

顺便说句题外话。

据报道，从2015年到2018年，力帆新能源汽车销量分别为14874辆、5550辆、7738辆和10166辆。而2019年前5个月，力帆新能源车销量仅为1011辆——在汽车行业有一定积累并且认真耕耘的力帆尚且如此，别的厂商呢？那些不断对公众讲述汽车梦想的人当中，有多少能成为未来的马斯克，又潜伏着多少未来的贾跃亭呢？

细思极恐，赶紧打住，回到主题。

在当下这个市场环境中，我从内心深处尊重每一位坚持投资实业的企业家。毕竟，能够对快钱的诱惑说不，背后一定有高贵的动机，体现着理想主义和浪漫主义的精神，人类所有的重大进步，无一不是这类精神的产物。因此在我心中，他们可钦可佩，这一点是不会变的。

但是，身为一家企业，只有生存下来才谈得上其他。对企业家来说，像稻盛和夫、任正非那样不为外物所动，坚持内心的选择固然可贵，但如果连自己的公司都保不住，不管多么伟大的情怀，支撑的就只能是与风车作战的堂吉诃德，而不是用梦想改变现实的伟大组织。

我绝没有贬低堂吉诃德的意思。我一直认为，轰轰烈烈的失败也不失为一种壮美的归宿，一切系于自己的选择。即便在今天，站着死还是跪着生这类抉择在一部分人那里仍然是个问题——应该感谢这些人，他们为企业家这个角色注入了另一种美感。

这种堂吉诃德的精神在第一代企业家身上尤为明显，尹明善老先生就是其中的一员。从年广久、步鑫生、马胜利、李经纬、牟其中，到柳传志、宗庆后、张瑞敏、鲁冠球，这个曾经闪耀的群体中，坚持下来的人已经寥寥无几了。从这个意义上说，出生于1938年的尹明善老先生直到2017年还屹立在第一线，这已经创造了伟大的奇迹。这意味着，他战胜了上天设置在这个群体发展道路上的一个个困难：适应变化与自我迭代、事业发展与个人膨胀、资源争夺与政商关系……

但某种程度上，他还是倒在最后一个关口面前——接班问题。的确，他没有把班交给自己的子女，而是选择了以在力帆工作近三十年的牟刚为首的职业经理人团队，在这一代企业家中，这已经是了不起的胸襟与格局了。但从2017年3月28日尹老官宣即将退休到现在三年多时间，新的团队并没有拿出与他们的履历相称的作为，甚至连大动作都很鲜见，这也是不争的事实。

是尹老选人走眼，还是深层次的原因制约了新团队的发挥？不管何种原因，终归是接班失败。

尹老虽然退休，但尹家人仍然控制着力帆。

我们做的股权穿透结果如下：

力帆集团的股东包括两个法人——力帆控股、上海冠通投资有限公司，还有四位自然人，分别是尹明善及其夫人陈巧凤，以及子女尹喜地、尹索微。

在两个法人单位中，上海冠通投资有限公司占比只有1.9%，股东是蔡建权和石惠芳，看上去和尹家没有直接联系。占股47.3%的力帆控股，其股东包括一个法人——重庆汇洋控股有限公司，还有四位自然人，分别是尹明善、陈巧凤、尹喜地、尹索微。

在力帆控股中占比76%的重庆汇洋控股有限公司，其股东则是四位自然人——尹明善、陈巧凤、尹喜地、尹索微。

一家典型的家族企业，而且是绝对不容外人置喙的那种高度封闭的家族企业。

高管团队零持股，在股东会上的话语权为零。无从知道力帆内部有无对高管团队实施股权激励，即便有，力度想来也不会太大。

职业经理人团队的地位，可想而知。

我只想提醒，永远不要忘记伟大的熵增定律——一个封闭系统，最后一定会因为内部正熵流的积累而走向崩溃。

就不做解释了，不明白的，自己百度去。

力帆这个家族企业失败的案例，不过为熵增定律提供了一个新的注脚罢了。

就这样吧！

一场深沉的失败，其价值也许会超过十场廉价的胜利。但愿，我们都能从力帆的背影中学到东西。

力帆虽然失败，但尹明善先生仍然杰出。我们这个国家能这么快崛起，离不开以他为代表的第一代企业家。正是他们一路披荆斩棘筚路蓝缕，才让我们有这个基础，在入世后争取到开放的红利。

　　向他们致敬！

（2020 年 8 月 12 日）

下 篇

管理者的修为

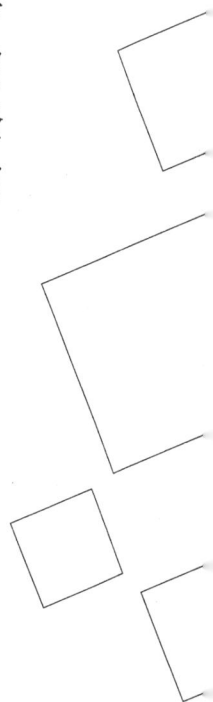

三

无问西东：修炼精神世界

我相信，一个优秀的管理者，必须具备三种基本能力，即学习能力、鉴别能力和品味生活的能力。所有这些能力，都离不开内心的修炼。从这个意义上讲，管理者的修为首先是精神世界的修炼，这是"内力"，要高于方法、技能、工具这些"招数"。

在这个话题上，我们的老祖宗拥有绝对的发言权。来自传统文化的智慧，告诉我们要修心养性，动心忍性，明心见性，降服内心，进而用内心创造出绚丽的外境。为了做到这些，我们要学会接纳，要树立正念，要努力做到正心诚意。

这，就是这一部分竭力想要传达的意思。

诚然，这些东西都不属于科学范畴。然而，对于纷繁复杂的自然界和人类社会，科学又能解释多少呢？在科学的光芒未及照亮的地方，我们心里有一点东西可以依仗，是不是好过赤手空拳呢？

但行前路，无问西东。

与年轻的管理者谈谈 "心"

一个管理者，怎样才能尽快成熟起来？其实这答案不在别处，就藏在自己的心里，就是我们常说的"此心存乎天理"。我们看那些智者，那些故圣先贤，所言所行每每抓住事物的本质，能够切中要害，他们所仗恃的，不是书本的教诲，甚至也不全是经验和见识。实际上起作用的，是来自内心的智慧，他们的心念动处，在在皆符合事理的规律。那么，怎样让自己的心遵循"天理"呢？答案其实很简单，那就是王阳明先生几百年前为我们准备的八个字，"正心诚意，格物致知"。但这答案也极其复杂，因为没有多少人能够真正做到。年轻的管理者，如果能从当下开始，着手修炼内心世界，那么假以时日，自己身上一定会发生意想不到的化学反应。

要修炼一颗纯粹之心。

所谓纯粹，无非两个意思，一个是动机纯正，另一个是摒除私欲。早年间读孙振声先生的《易经入门》，很是不解何以在很多卦辞和爻辞的解释中，反复提到只要动机纯正，便不会招致灾祸。后来心智渐开，慢慢明白，为人行事动机纯正，做利乐众生的好事，自然能够争取更多的人理解和支持，能够整合多方力量成就自己的事业，当然不容易招来祸患。为了做到动机纯正，就必须节制自己的私欲，"吏不畏吾严而畏吾廉，民不服吾能而服吾公"就是这个道理。当然摒除私欲不是说不要个人利益，但利益这件事情很奇妙，你满脑子装着它，一心去追逐它，很多时候付出了高昂的代价，到手的，却是眼前的、短暂的利益，并不能带来持续的、深刻的幸福。相反，若是能够出自更高的格局，实现长远的利益却是一件水到渠成的事情。只有胸怀纯粹之心，才有可能尊重事物自身的规律，做起事来，才能够顺应趋势，久而久之，才会慢慢看清楚事物的本质。

要修炼一颗专注之心。

只要相信自己走在正确的路上，就心无旁骛，努力做去好了。别人不理解怎么办？由他去吧，反正自己做的事情只有自己明白，有朝一日取得进展，所有的不解都会烟消云散。正如《传习录》上所说："依此良知，忍耐做去，不管人非笑，不管人毁谤，不管人荣辱，任他功夫有进有退，我只是这致良知的主宰不息，久久自然有得力处，一切外事亦自能不动。"面对诱惑，起了私心杂念怎么办？记住一句话，"防于未萌之先，克于方萌之际"。坚持前面说的纯粹之心，在降服杂念上下功夫，坚持做下去，专注于业务精进，专注于修养提升，专注于持续学习，就会体现出自己和身边人的差异。

要修炼一颗宁静之心。

管理好自己的情绪，不管外物如何纷扰，始终坚持内心不为所动，平平静静地按照事情本来应该的样子做下去。曾经有人问王阳明先生，说自己是个地方官，经常断案，在这些烦琐的事务当中如何修炼内心。阳明先生的回答是这样的："尔既有官司之事，便从官司的事上为学，才是真格物。如问一词讼，不可因其应对无状，起个怒心；不可因他言语圆转，生个喜心；不可恶其嘱托，加意治之；不可因其请求，屈意从之；不可因自己事务烦冗，随意苟且断之；不可因旁人潛毁罗织，随人意思处之。有许多意思皆私，只尔自知，须精细省察克治，唯恐此心有一毫偏倚，杜人是非，这便是格物致知。簿书讼狱之间无非实学，若离了事务为学，却是着空。"这是在平凡的工作中能够培养的境界吧？有了这样的境界，才有可能承担更为重要的责任吧？还有，宁静之心，空谈是谈不来的，必须是磨炼的结果。需要谨记，"人须在事上磨，方能立得住；方能静亦定，动亦定"。平素空谈头头是道，一遇到事情，便手足无措，我们不能做这样的人。

最后，还要修炼一颗圆转之心。

世界是丰富多彩的，世界是普遍联系的，世界是非线性变化的，面对这样的世界，要做到心无挂碍，把自己的心调谐到适应的频率，胸怀赞叹地迎接变化，拥抱变化，审视自我，不断扬弃。在管理上，要学习领悟，也要注意"得其意而忘其形"，如此才能博采众长，为我所用。正如王阳明先生说的那样，"只要晓得，如何要记得？要晓得已是落第二义了。只要明得自家本体。若徒要记得，便不晓得；若徒要晓得，便明不得自家的本体"。

读到这里，想必不难发现，实际上是借着这个题目谈了一点点心学在管理者内心世界塑造中发挥的作用。既然谈心学，就不能不强调那个四字箴言——知行合一。知道怎么做吗？如果不知道也没有关系，怀着纯粹之心、专注之心、宁静之心和圆转之心投入工作，控制好自己，就会外化出力量。当成为一个内心强大的管理者之后，就知道怎么做了。

（2017 年 1 月 11 日）

管理者修养的六波罗蜜

　　佛法上讲，想要求证佛道，必须做好六种修持，即布施、持戒、忍辱、精进、禅定、智慧，合称"六波罗蜜"。它是诸方面修行的归纳和概括。管理者的修炼，也需要首先降服内心。因此，六波罗蜜给了我们很好的框架。

　　对于管理者来说，布施的意思，就是要乐于奉献。

　　正如一个人的外境不过是其内心的投射。每个人得到的，也只不过是他所付出的回向。身为管理者，自当把自己的时间和能力奉献给企业帮助企业发展，把自己的经验和领悟奉献给下属加快下属成长，把自己的忠忱和热情奉献给用户改进用户体验。给予的快乐，比索取和得到要深刻得多，也持久得多。布施的前提，是有可布施的资源，为了很好地奉献，必须把自己变得越来越丰厚。奉献，在带来深刻快乐的同时，还激励着我们不断积累。

　　第二个波罗蜜，持戒，意味着严以律己。

　　一个人的力量，来自两个部分：一个叫作职位权力；另一个，叫作个人权力，它与个人职位无关，与个人魅力有关。个人权力来自哪里？一个重要的源头就是自律。当一个人能够管住自己，约束自己的内心，他的自律必然外化为力量，让人敬畏。严以律己，大而言之，要具备"泰山崩于前而色不变，麋鹿兴于左而目不瞬"的定力，具备"醉卧美人肩，醒掌天下权"的清醒，具备"虽千万人吾往矣"的勇气。小而言之，体现在每一件事情的善始善终，每一个细节的精雕细琢，每一个承诺的言出必践，每一处形象的一丝不苟。在工作场合，或是在下属面前，管理者都没有什么自我可言，有的，只是持戒。

忍辱也是管理者必须具备的修养，有容乃大嘛。

当年曼德拉的就职典礼上，两位白人受邀坐在前排，曼德拉和他们亲切握手致意。旁人问："他们是谁？"曼德拉说："是当年看管过我的警察，曾经折磨过我。"众人表示不解。想想也是，这二位，标准的罪人，折磨总统，多大的罪过呀，不抓起来法办已经算是宽大得没边儿了，还请来当座上宾，这是什么意思呢？曼德拉正色道："我深知，虽然自己已经获释，但如果还存有仇恨，那么我的心，就还在监狱里。"这就是有容乃大——必须包容，包容不一样的意见，包容可能的误解，包容不喜欢的人。

精进，意味着不断提升自己。

我很喜欢下面这个比喻：一个鸡蛋，从外面打破，就是食物，从内部打破，就是新的生命。我们这些生长在红旗下的蛋，是从内部突破自己，从而赋予生命以新的境界，还是乖乖地等着被人从外面敲开，变成别人盘子里的菜呢？答案自然是不言而喻的。事实上，在今天这个变化成为常态的世界上，唯有精进不辍，才有可能避免成为被拍死在沙滩上的前浪。学自大师经典，增强洞悉管理本质的能力；学自传统文化，增长认识事物的水平；学自每日实践，领悟诸般运用法门。凡管理者，有如大侠修炼内功，必得经历这样一番痛苦，方能日新日高。

内力修为日见深厚，慢慢地就会到了返璞归真、抱元守一的境界。面对缤纷外境，守护好自己的心，真的如人在荆棘，不动不刺。这就是第五个波罗蜜——禅定。

战略管理者需要禅定，这是一种"弱水三千，只取一瓢"的战略克制力。每次读《活法》这本书，都禁不住赞叹稻盛和夫先生的经营哲学。在日本经济飞速发展的时候，他的京瓷集团坚持只做自己的产业，坚持保留足够的现金以应对变化，不赚快钱，这需要多大的定力啊！当泡沫破灭的时候，京瓷凭借充分的准备，反而赢得新的发展。这就是对稻盛先生禅定的最好褒扬。职场管理者同样需要禅定，这是对价值观，对经营方略，对标准，对规则的坚持和守望。不论旁人说三道四，也不论环境如何喧嚣，心中只秉持一个正道，就是遵循事物自身的规律，不偏不倚，只顾行去。这样坚持下去，一定会在推进工作的同时，把自己打磨得更好，为承担更大的责任打下基础。

六个波罗蜜的最高境界是般若波罗蜜，也就是智慧。

有了学习精进的积累，有了调匀禅定的内心，接下来就要在道的层面进行探求。智慧不假外物，而是存在于我们的内心。"无善无恶心之体"就是这个意思。应无所住而生其心，再用没有杂念的清静心去看世界，方能唤起内心深处的智慧，洞悉世界的本质。当然这是理想境界，在我们行来，一定无比艰难。唯其艰难，方显价值。事实上我们东方人的老祖宗已经给我们留下好多东西啦——《易经》《道德经》《金刚经》《传习录》都有助于我们在智慧上的修炼。相比之下，西方的管理者们没有这许多老祖宗留下的遗产，但人家也在朝这个方向努力，从《第五项修炼》到《失控》，人家的努力我们是看得见的。有朝一日人家要是走到我们前面了，那可就对不住故圣先贤了。

管理者必须是践行者。毕竟，知而不行，无异于不知。六个波罗蜜，告诉我们道理，给我们以框架，接下来，还需要我们在钢筋水泥的丛林里，在呼来唤去的生涯里，争取一切可以争取的支持，团结一切可以团结的力量，整合一切可以整合的资源，精明地有时也是曲折地，坚韧地有时也是卑微地走在实现组织目标的道路上。在路上，践行六波罗蜜的精神，乐于给予、严于律己、有容乃大、日新日高、静心内省、探寻真理，成就更加完美的自己。

（2017 年 9 月 20 日）

正念显现——潜江战绩的领导力解读

先看两组数据。

按照官方数据，截至 2020 年 2 月 18 日 17 点，武汉市累计确诊 42752 人，死亡 1381 人。

潜江市累计确诊 185 人，死亡 6 人。累计确诊人数在湖北省排倒数第二，仅多于神农架林区。

潜江很偏僻吗？百度上说，潜江距武汉 154.4 公里。对于病毒传播来说，这是一段可以忽略不计的路程。

和邻近地区的数据对比是这样的：

	潜江	荆州	荆门	仙桃	天门
累计确诊人数	185	1537	900	544	500
死亡人数	6	38	33	19	11

只能说，潜江的领导功不可没，他们展现出了值得赞叹的领导力。

在重大事件面前，科学研究必须和行政管理的力量相结合，两者之间的黏合剂，就是领导力。关键时刻，领导力体现在正确的决策之中。正确决策的背后，是正确的觉知。正确觉知的背后，是决策者的心智模式。

在疫情初现端倪的关头，对领导者内心的考验无疑是极其严酷的。这种时候，什么东西引领着领导者的内心，他就会看到什么。出自公心、出自大爱、利乐众生的领导者，看到的会是有风险，尽管可能问题不大。出自私欲、出自私利、唯我独尊的领导者，看到的会是问题不大，尽管可能有风险。

他们采取的措施自然大相径庭——是为境由心造。

内心最深处的这些，叫作"高层潜意识"，它会引领一个人觉察周围的环境，辨认当下发生的事情。只有正确认识当下的状况，才谈得上正确决策。这就叫"正念"。

在正念基础上展现出的领导力，就叫"正念领导力"。

看看潜江。

2月6日，潜江市委书记吴祖云在接受采访时说："我们决断早、力度大、言入心。元月17日上午，潜江就及时收治集中管理32位我们确诊的肺炎发热病人，那时候钟南山院士还没有到武汉。确实，我和市长从武汉得到消息后，觉得这个事情太大了，所以我们先下手，哪怕冒了一点点不是太合规的风险。我们在湖北应该说是第一时间封城、第一时间终止所有娱乐活动、第一时间出台了很严格的禁足的命令。"

拿"正念"这把尺子衡量一下潜江的领导者，他们交出了高分的答卷，尽管他们的做法有违春节的祥和气氛，要是没有疫情的话，上级会不高兴的。

好了，就此打住吧。反正手头掌握的资料也实在有限，没法发掘更多的精彩内容。

但我可以完整地讲述另一个惊心动魄的故事——1976年唐山大地震中，唐山市青龙县，在时任领导的带领下，提前预警，从而创造奇迹的故事（详见下文）。

抚今追昔，你会发现历史竟然如此相似……

我在那篇文章的最后写道：

我深信，青龙奇迹正是源自其背后的正念显现。

正念领导力的作用，犹在于此。

正念领导力的威力，无过于此。

正念领导力的精髓，尽显于此。

所有这些赞美 1976 年河北青龙的话，同样适用于 2020 年的湖北潜江。

我相信，对于潜江的领导，能够使自己带领的人民免于疫病之苦，余生都将在自豪与满足中度过，而不用在羞愧与耻辱中度过。

这就够了。

（2020 年 2 月 19 日）

正念领导力在唐山大地震中创造的奇迹

在天灾面前，人类是脆弱的。唯其如此，才更要重视前人的点滴经验。与煽情相比，这才是真正的财富，用心血和灵魂换来的财富。

背景知识

地震预报可以划分为长期预报、中期预报、短期预报和临震预报。中长期预报相对来说容易一些，临震预报却很困难。由于兹事体大，又总是预报不准，即使发现了临震信息，政府发布临震预报也要下很大的决心。

孕育地震的过程看不见摸不着，目前只能用间接的手段进行观测，而且没有办法进行实验和模拟，因此地震预报是世界性的难题。别看很多专家在媒体上说他们曾经成功地预报了这次或那次地震，但千万不要忘了，他们可没有告诉公众曾经有多少漏报，多少误报——如果把这些统统算上，他们的预报准确率同样是惨不忍睹的。

1998 年发布的《地震预报管理条例》规定，国家对地震预报实行统一发布制度。任何单位和个人根据地震观测资料和研究结果提出的地震预测意见，应当向所在地或者所预测地区的县级以上地方人民政府负责管理地震工作的机构书面报告，也可以直接向国务院地震工作主管部门书面报告，不得向社会散布。在 20 世纪六七十年代，京津地区的防震演习，更是需要国务院总理批准的。

我们都知道唐山大地震的短临预报失败了，在震前没能给唐山人民发出任何警报，但这并不能掩盖其中长期预报的成功。早在 1974 年 6 月初，由国家地震局领导小组组长胡克实主持，召开了华北及渤海地区地震形势会商会议。会议给国务院的报告当中，提出在未来的两年之内，京津冀晋蒙辽鲁七个省（自治区、直辖市）有可能发生比较大的地震。国务院以"国发〔1974〕69 号文件"的形式，把这份报告转发给了上述地区，明确指出京津唐渤张为危险区域，应"立足有震，提高警惕，防备六级以上地震的突然袭击……"正如著名报告文学作家钱钢在《唐山大地震》中所说，唐山早已被地震专家套在瞄准镜当中，应当说中期预报是成功的。只是在临震预报的决断上，最终失败了。

41 年前的今天，惨绝人寰的唐山大地震使灾区蒙受了 24 万人死亡，16 万人重伤的惨重损失。然而，距唐山市只有 115 公里的青龙县，在全县范围内采取了预防措施，虽然房屋损坏严重，但人员伤亡极小，直接死于地震的只有 1 人（也有材料说这人实际上死于心脏病发作，不能算直接死于灾害）。1996 年，青龙被联合国发展、资助和管理事务部列为"科学研究和行政管理相结合取得成效的典范"，是为"青龙奇迹"。

让我们简要回顾一下创造这个奇迹的过程。

1975 年辽宁海城 7.3 级大地震之后，国家地震局的专家们在战略选择上产生了"东西之争"：以国家地震局分析预报室副主任梅世蓉为代表的专家倾向于到西部的四川等地抓大震，而以时任国家地震局分析预报室京津组组长汪成民为代表的专家则认为华北平原的地质异常依然存在，积累的能量并未释放完毕，仍有大震风险，因而不能解除警报，应当继续予以重点监控。当然这只是学术之争，没有高下之分，更不必过度解读。

1976 年 7 月 14 日，震前 14 天。

全国地震群测群防工作经验交流会在唐山召开。汪成民在 17 日、18 日晚间做了这样的通报：当前京津唐渤海地区有七大异常，震情严峻，7月22日—8月5日可能有5级左右的地震，下半年到明年有7级至8级强震的可能（注意这种说法）。

7月21日，震前7天。

青龙县参会代表王春青会议结束回县，向县委副书记张平义汇报。他也是晚间座谈的参加者中，唯一及时向上汇报的人。

7月24日，震前4天。

青龙县委书记冉广岐召集两位副书记开会统一认识。晚间召开县委常委会，听取王春青的汇报，会后成立以冉广岐为主任的防震指挥部，并召开电话会议传达部署了三项决定：加强各测报点工作，科委要有专人昼夜值班；加强地震知识宣传；在800人会议上布置防震工作。

7月25日，震前3天。

在全县农业学大寨会上，县委做出若干部署，要求每个公社回去1名副书记和1名工作队负责人，连夜加班，务必在次日前将震情通知到每一个人。

7月26日，震前2天。

全县进入临震状态。各公社、县直各单位随即召开了紧急会议，从公社干部到大队，再到生产队，进行防震抗震部署。多数公社广播站连续广播地震知识，传达县委决定，基本上达到了家喻户晓的地步。群众大多转移到户外。学校在操场上课，商店在户外卖货。

7月27日，震前1天。

晚上，县科委主任王进志在800人大会上做了最后一次震情和防震减灾动员工作。

7月28日凌晨3时42分，地震发生。

全县房屋损坏18万多间，其中倒塌7300多间，但人员伤亡微乎其微。

7月29日，青龙县救灾车队赶赴唐山。

至此，"青龙奇迹"完成。

毫无疑问，以冉广岐为代表的青龙县领导在决策时处于极其艰难的境地。他们面临三个难题。第一，专家的意见，信不信？他们得到的毕竟只是座谈会上的非正式信息。第二，如果相信，报不报？要是不报，不需要承担任何个人责任。要是报，真震了，谁也无话可说，可如果不震，那麻烦就大了。第三，县里无权发布临震预报，该怎么办？

冉广岐交出的答卷我们都知道了，这是一份满分的答卷。不过对于我们来说，更重要的是探究答案背后的奥秘，回答"为什么"的问题，这样才会让我们有所收获。让我们看看是什么引领着冉广岐和青龙县委回答这一连串问题的。

对专家意见的解读，就是一个形势判断的过程。只凭座谈会上得到的那点东西，神仙也难以做出正确的判断。那么冉广岐在决定相信专家意见的时候，背后倚仗的是什么呢？

原来，从1974年任青龙县委书记起，他就坚持自学地质力学、板块学说和地震预报学。后来他感慨道："我要是事先对地震一无所知，地球构造是什么，地应力是什么，地震是怎样形成的……什么也不知道，也就谈不上拍板决策了。说实话，就是掌握了一些地震知识，还难以决策呢。何况是不知道！"是的，在专业问题上，政府官员不用学太深奥的理论，那是专家的事，但是起码的知识一定要掌握。否则，根本就谈不上行政管理和科学研究的有机结合。盲人骑瞎马，夜半临深池，不出问题才怪！

他还在青龙全县建立了16个地震前兆现象观测站，下属442个观测点或观察哨。动员群众主动参加了对地下水、泉水、动物及地下电流、地磁、地应力的观测。这些积累让冉广岐能够实时地掌握发生在青龙的种种情况。在得到警报的时候，青龙县出现的种种宏观和微观异常自然也逃不过他的眼睛。他还亲自去落实了冷口温泉温度、大杖子公社水井水位等变化情况。

他为什么要学地震知识，要在简陋的条件下组织观测？不干这些，县委书记会当不下去吗？显然不是。他的目的，还是为了做好工作，服务全县百姓。若没有对人民群众的责任，不是心怀大爱，根本就做不到这一切。

有了这些基础，就不难解读出汪成民在座谈会上真正要表达的东西了。

"7月下旬可能有5级左右地震，下半年可能有7级至8级大地震"——7月下旬不是下半年吗？唐山的会议19日才结束，开常委会研究是7月24日，不是已经7月下旬了吗？因此，汪教授真正想说的是一场大震迫在眉睫！

再加上69号文件发布已经两年多了，还没有撤销，证明依然有效。够了，是时候了，宁可信其有，不可信其无。

就这样，专家意见终于在青龙得到了正确对待。

发布预报的利弊，前面已经说过。是否发布，与其说是技术问题，不如说是价值取向问题。在这样的问题上，关注什么，就会做出什么决策。

凭借科学家的研究结果，凭借前期积累带来的底气，更重要的，凭借"一旦出了问题我兜着"的担当，冉广岐做出了发布预报的决定。用他的话说，狼来了，自家的孩子自己抱。如果没有震，大不了老百姓叮几个疙瘩再回去，老百姓再骂咱几句，再不行咱鞠个大躬下台。但是，如果地震预报不发，真震了，咱们愧对一方的父老乡亲。他的原话是"我就发布，不震拉倒，别人拿这乌纱帽当乌纱帽，我拿乌纱帽当个尿鳖子……"寥寥数语，价值取向，尽在其中。

"要是没私心就敢决策，要是有私心就不敢决策"——二十多年后接受访问时，冉广岐扔下了这么一句掷地有声的话。

发布预报的大方向确定后，剩下的就是具体实施的问题了。

要不要请示上级？青龙县的做法是果断发布地震预报，跟谁也没打招呼，没备案。冉广岐清醒地认识到，在当时全国的政治环境下，如果请示地委，地委不可能马上请示上级，就算向上请示，也是给领导出了一道大难题，半年批不下来完全正常，显然是缓不济急。他深知领导们的行事风格，下面摘录一段他的话："我打电话他会说，哎——你这个同志还请示什么呢？该咋办就咋办呗……不出问题没得说了，要是出了问题，他就说，我让你该咋办就咋办，你该咋办咋就没咋办呢？"因此，为了保护全县人民的生命安全，不请示是唯一正确的办法。

在实施过程中，为了规避不必要的政治风险，县里想出了将抗震和防汛结合起来的办法。县里按照"防汛抗震"的提法往下传达，当时正值汛期，防汛演习照常进行，可以提高民众警觉性；而之所以可以出动民兵巡逻，也是因为防汛工作政策允许，而抗震则没有此项许可。这样，可以最大限度地减少参与者的后顾之忧，有利于提高执行效率。

青龙县之所以能够选择这样的行动方案，离不开领导者对时局的深刻理解、对地震形势的洞察。当然最重要的，还是前面说过的，纯正而高尚的动机。

到这里我们可以做一个小结了。青龙县委正确处置的背后，来自对所处情境的正确认识，正确认识的前提，是起心动念须得源于"高层潜意识"，即出自公心、出自大爱、利乐众生。正如青龙县领导在这次事件当中展示出来的那样。否则，心灵就会被私欲所蒙蔽，也就无从谈起什么正确认识了。在起心动念这个基础之上，正确的认识，离不开有意识的觉察，就像冉广岐主动学习地震知识，主动开展地震观测那样。正确的认识，还离不开对当下的关注，比如对全县异常情况的掌握，以及对当时的政治环境的把握。

高层潜意识、有意识觉察、关注当下这三者加在一起，就是所谓"正念"。而这正念，贯穿并影响着判断、决策与实施的全过程。由此带来的行动，就是正念领导力的体现。

这么说有点儿抽象，画个图吧。

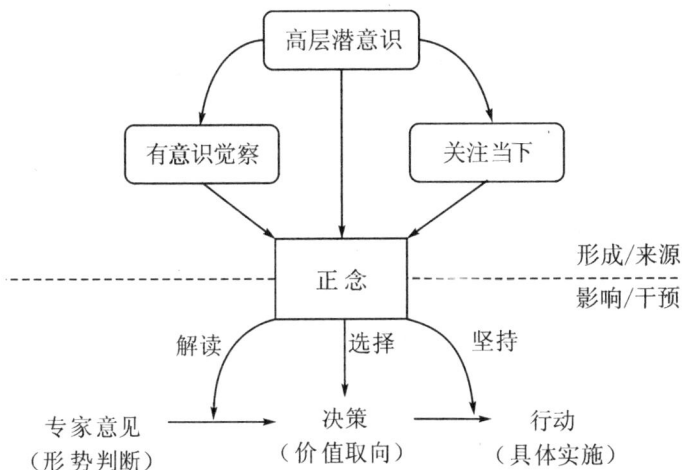

总之，青龙的经验，绝不是一接到警报就相信那么简单，更不是敢于抗命那般肤浅。其外在表现，像联合国报告里面说的那样，"要减轻灾害的损失，早期预报和动员群众做好准备是关键的一环，由于早期预报通常是科学家做出的，加强科学家和行政管理人员的联系尤其重要。在特别紧急的情况下，只有高效的行政管理才能有条不紊地采取对策和组织群众"。其内在实质，完全可以由正念领导力来解释。

我们不否认，青龙的成功带有一定的偶然性，但更应该看到，偶然寓于必然之中。这个地区一定会地震是必然，什么时候震、震中在哪里、震级有多高是偶然。青龙县一定会遭到破坏是必然，烈度有多大、破坏有多严重是偶然。

不可否认，在事态的发展中，所有的偶然统统朝着有利于青龙人民的方向变成了必然。但谁知道，正念在其中，是不是发挥了以心转境的力量呢？正如未来，也许如同过去一样，会参与塑造现在的进程。

当然不能说青龙县委拯救了47万人。但正因为他们的正确领导，使得其中一部分人避免了伤亡，而且使得宝贵的救援力量得以从青龙县腾出手来，去拯救唐山灾区群众的生命。

　　当然，在中国的文化传统和国情之下，青龙县的领导，在灾后的论功行赏中，一定不会占据最重要的位置。但他们创造出的成绩，足以当得起"功德无量"四个字。

　　当然，还可以从这个范例中发掘出更多宝贵经验。但我深信，青龙奇迹正是源自其背后的正念显现。

　　　正念领导力的作用，犹在于此。
　　　正念领导力的威力，无过于此。
　　　正念领导力的精髓，尽显于此。

（2017 年 7 月 28 日）

随缘识得性，无喜亦无忧——接纳人工智能

柯洁和阿尔法狗的三番棋，果然毫无悬念地以一边倒的结果分出了胜负。关于如何与人工智能相处的话题，又热了起来。技术上的探讨，趋势上的分析已然很多，也许我们是时候拿出一个更宏大的视角，一个更思辨的眼光，一个更基本的态度。

一、人工智能是人类的造物，透过这个造物，我们更清楚地看到了自己

我们看到，面对"至少二十段"的"阿老师"，柯九段没有选择退缩。而是在棋盘上主动求变大胆出击，在第二局当中顽强抵抗了一百多手，不落下风。那情形让我想起金庸笔下的殷梨亭，在鬼魅般的对手面前，反而施展出了平生的绝学孤诣。柯九段的顽强，既在试探人工智能的边界，又突破着人类棋手能力的极限。

天下事有所激有所逼者成其半。正是人工智能的启发，为人类的围棋技艺打开更广阔的空间。正是人工智能的逼迫，激发出棋士胜天半子的洪荒之力，留下了足以自豪的棋谱。

更加可贵的是，前两局虽然输掉了，但他并没有丧失挑战的勇气，反而斗志昂扬地要求，第三局继续执白，力求扳回一城。虽然到最后仍然不

敌，但仍无愧于大棋士的称号，我们还是要把掌声送给他。

人机博弈，谁胜谁负并不重要，谁更聪明也不重要。因为决定未来的，从来就不是智商，更不是一城一地的得失。

人工智能这个外物，帮我们照见了存在于我们每个人心中的自性。在这场对局中，我们看到，人工智能的发展，非但丝毫不会影响，反而让我们更好地保持了爱、希望、勇气、坚忍这些最珍贵的人性。而相对于那些有形之物，这些支撑着人之所以为人的东西，才真正决定着未来的模样。

二、人工智能是人类的造物，透过这个造物，我们更清醒地认识了智慧

科学支撑起了我们这个世界的基石，但是它真的不是我们这个世界的全部。否则我们就无从知道柏拉图何以了解大西洲的存在，金字塔和都江堰何以建成，又何以与现代物理学研究成果契合得如此天衣无缝。

人工智能发展到今天，颠覆了"思维是人脑的功能"这个传统的认识。甚至我们不得不羞愧地承认，人工智能的思维能力，远比你我更加强大。我们的智商在人工智能面前也许是卑微的，但阿尔法狗们真的可以和那些曾经荣耀了整个人类文明史的故圣先贤相提并论吗？

所以今天我们是不是应该回归到更加本原的地方，寻找和科学互相补充、相得益彰的智慧来源？

科学威力无穷，但科学亦有其边界。人工智能的发展会促使人类思考自己作为万物之灵而存在的意义，会促使人类解放出来，去完成那些只适合人类头脑的任务，会促使人类在文明的飞跃和理性的发展之间达成更完美的平衡。

感谢人工智能，感谢它帮助我们摒弃科学的狂妄，感谢它帮助我们心怀谦卑，探寻智慧。

三、人工智能是人类的造物，透过这个造物，我们更深刻地学习了接纳

我们的科学理性，似乎越来越跟不上技术的飞速发展。在这个时候进行这样那样的分析，还不如谈谈深植于内心之中的"相信"。

这个造物是人类用心改变外境的一个绝佳例子。人工智能作为境由心造的妙用，一定会在人类的算度和学习能力鞭长莫及的地方大显身手，让世界变得更好。因为我相信未来的趋势一定会是越来越和谐，越来越人性，越来越美。

真的不用去想人工智能会带来什么样的威胁，我们要做的只是坦然接纳，不论好坏。因为我相信人类文明延续万年，自有其生生不息之道。

人工智能是人类的造物，是人类送给自己的伟大礼物。这个礼物迟早会来，满怀喜悦端详就是了，敞开心胸拥抱就是了，不要担心什么，也用不着因此而心生狂妄。正应了那首诗："心随万物转，转处实能幽。随缘识得性，无喜亦无忧。"

（2017 年 5 月 27 日）

拒绝傲慢，保持谦卑

《三体》里面，作者借书中人物之口，说了一句振聋发聩的话：弱小和无知不是生存的障碍，傲慢才是。

傲慢，让人类在科技进步被锁死之时，还以为自己的实力已然超越三体入侵者。到头来一粒小小的三体探测器——水滴，就结果了整个人类太空舰队。炽热的舰队残骸变成的金属云团，太空战舰爆炸时如礼花般迸发的闪亮，还有水滴攻击轨迹勾勒出的优美凌厉的死亡曲线，这一切构成的那幅绚烂而冷酷的图画，长久地留在我的记忆之中。

在同样绚烂的商业世界里，遵循着同样冷酷的法则。生存很不容易，为了生存，弱小者可以借力发展，无知者可以学习积累，唯有傲慢者，被其傲慢闭塞心灵，再也不能感知到真实的世界，最后的结局只能是——"毁灭你，与你何干？"

傲慢，使得自己的眼睛不再能够看到自己的局限。事实上，当一个公司强大到可以取得垄断优势时，其在行业内的创新水平会降低。这是因为优势企业没有动力去发现新市场，寻找新应用，改进产品，研发技术，优化流程，而这些是一家沉浸在优越感之中的企业绝难发现的。在市场竞争中，刚才提到的每一个点都会成为对手选择的战场。想想发生在施乐，发生在王安电脑，发生在柯达身上的事情吧，它们都曾经叱咤风云，但面对创新，都选择了视而不见，都受到了市场和竞争对手的惩罚。在傲慢中看不到局限，会把组织变成 21 世纪的八旗军，这意味着丧失内省能力，意味着在对手的突然攻击之下，变得不堪一击，不管过去的历史有多么辉煌。

有一种傲慢，我把它叫作"习惯性否定"。因为自己很牛，所以不同的做法统统是异端邪说。因为自己曾经走过一段了不起的道路，所以不存在别的成功路径。因为自己没有见过，没有尝试过，所以新生事物统统是行不通的。须知，在这个世界上，从来没有谁规定生意应该怎么做。环境的变化，只有想不到，没有做不到。美团上线之前，我听过行业大佬说，餐饮和互联网没有什么实质性关系；三五年前，我提到企业要趁势头良好的时候做好过冬的准备，每次都会换来一片呵呵；在央企大举进入二级城市之前五年左右，也有本土的地产大亨令人信服地向我论证了市场上如何不存在比自己更强的对手……够了，习惯性否定实际上是从内心深处抵制变化。在一个变化的时代拒绝变化，会有好结果么？习惯性否定，会让组织成为航空时代的"大和"号战列舰，巨舰大炮看上去威风凛凛，似乎那就是现代海战的终极形式，但一遇上空袭，才知道这一切原来毫无用处。

另有一种傲慢，叫作看不起对手。想当年，英特尔无论如何看不起 ARM。是啊，在这家堪称伟大的公司面前，低能耗、低占用只不过是雕虫小技。可随着智能手机的普及，一切都变了，ARM 成了全球首屈一指的半导体 IP 供应商，拥有微控制器 25％的市场份额和无线连接芯片 60％的市场份额。而英特尔，在智能设备市场完全不复当年在 PC 市场的雄风了。虽然英特尔的块头仍然比 ARM 大得多，但对未来充满信心的，该是后者吧。看不起对手，会把组织置于现代的马其诺防线之后，当凶狠的对手蜂拥而至时，它只能提供虚幻的保护。在这个时代，技术、偏好和投资方随时可以把一个小不点儿变成令人生畏的怪兽；今天看不上的对手，也许明天就会亮出獠牙。多么不起眼的对手，都得把它们放在心上，总比被咬了之后后悔要强得多。

还有一种傲慢，叫作看不起小事。毛利低，主流市场似乎用不上，增长率也不高的东西总是让人看不上的。可是，风起于青萍之末，浪成于微澜之间，在产业层面具有颠覆意义的创新，往往来自主流市场并不关注的角落。任何一件小事，要是坚持下去感动了世界，就是大事。能感动世界就能改变世界。拉链该是小事吧，YKK 公司一年能卖出 200 亿，RIRI 公司就能做成拉链的世界第一贵。它们，都是改变了世界的。大事和小事之间本不是泾渭分明，一家公司看不起的小事，有可能被另一家公司做成大事。看不起小事，会使组织变成大清帝国，对别人的点滴进步无动于衷，失掉对变化的敏感，面对似乎是突如其来的变局，手足无措，无法应对。

再说一遍：弱小和无知都不是生存的障碍，傲慢才是。傲慢让人陷入定式思维，认为世界就是自己想象的样子而不可自拔。傲慢会蒙蔽眼睛，让人一叶障目不见森林。傲慢会切断心灵和真实世界之间的联系，让人看不见变化，判不明变化，更无法正确应对变化。凡此种种，犯下战略性错误都是迟早的事。如果是一家强势的公司，请一定和自己对对话，清理自己内心深处的傲慢。如果你的对手变得傲慢起来，那么一定打起精神，可能机会就要来了。

（2017 年 2 月 6 日）

面对·接纳·喜悦·领悟

《三体2·黑暗森林》中有句话，叫作"给岁月以文明，而不是给文明以岁月"。这句话并非作者原创，而是出自帕斯卡的"给时光以生命，而不是给生命以时光"（to the time to life, rather than to life in time）。文明是由每个人构成的，要想给岁月以文明，我们每个人就要先给时光以生命。要想给时光以生命，我们每个人就应该活在当下，把当下的每一件事情，变得精彩起来。

这个世界上所有的事情其实都是被创造出来的实相而已。换句话讲，所有的事情都不过是因缘际会的结果，正因为如此，它是一定会发生的。因此，我们应该做的就是去面对它，而不是逃避它。当然，面对，并不意味着急于解决。雷厉风行反应神速是面对，"行到水穷处，坐看云起时"，这应该也是面对。

能够面对当然是非常好的。不过呢，当你去面对事情的时候，有没有注意到，其实它是它，我是我，因而"它"和"我"之间还是有分别的。其实，两者之间哪里会有什么区别呢？无我相，无人相，无众生相，无寿者相，"它"和"我"本来就是一体的呀！它就是我，我就是它，因而比"面对"更深一个层次的应该就是"接纳"。把一切好的、不好的，愉快的、痛苦的，都作为生命的一部分，平等地加以尊重，因为它们都是我们的造物。怀着一颗平等之心，怀着一颗没有分别的心，把它纳入自己的生命。

这就是真正的接纳——只有有了接纳之后，才会有精彩。

什么是精彩？有了接纳以后，我们会发现我们的生命变得如此的宽广，我们的生命变得如此的丰富——这怎么会不让我们惊叹呢？惊叹之后是不是会产生真正的喜悦？在这喜悦当中，体会到生命的乐趣，感觉到我们所经历的一切，无非是上苍用来把我们变得更好的手段。当我们满怀喜悦地把生命变得更好的时候，那些不好的东西就会在不知不觉当中发生转变。这个心想事成的过程，是勉强不来的。

有了一颗喜悦之心，我们就可以从这里出发，去进行更深层次的领悟。每个生命来到这个世界上，不就是为了某种追寻吗？古人说，朝闻道，夕死可矣，如果我们从面对到接纳到喜悦，最后能够领悟到生命的奥妙，领悟到世界的玄妙，那么，不就是做到了"给时光以生命，而不是给生命以时光"吗？如果每个人都能够这样，那不就是"给岁月以文明，而不是给文明以岁月"了吗？

（2017 年 3 月 29 日）

四

正本清源：汲取大师的智慧

这部分主要是阅读"大师中的大师"詹姆斯·马奇著作的札记，这样的阅读毫无疑问可以增进管理者的内力。

说是札记，其中当然也有不少自己的领悟和发挥。

我是怀着激动的心情写下这些文章的。在我眼中，和德鲁克教授、杨小凯教授一样，马奇教授是高山仰止般的存在。阅读他的作品，让我领悟到"美"这样一个管理的更高境界，给我颇多"独上高楼，望尽天涯路"的感觉。因而他的著作，是我在任何时候为人开列书单时，绝不会漏掉的。

此外，詹姆斯·马奇还是一个非常有品位的人，阅读他的著作，也是和一个有趣灵魂对话的过程。只是其作品在翻译成中文的时候，既要保持学术的严谨，又要保留作者深厚的英美文化背景，难免晦涩。这怪不得译者，不过如果有人加以诠释的话，也许更容易被人接受。

这就是我想做的事情。

我认为这一部分是本书最有品味的部分，虽然某些地方读起来仍然有些烧脑。

决策的背后 —— 身份的妙用

当年读博士班的时候学过"决策科学"这门课程。后来给孩子们讲《运筹学》，里面有一章《决策论》，大家听得还算开心。

但扪心自问，本人的决策水平，并没有因为学过决策课程而有什么提高，罔论学生们。

但我还是认为，管理者应该懂一点决策方面的知识。除了涨知识以外，更重要的是可以了解决策背后的心理机制，有助于自己的管理活动。

设想一下买房的场景——

你先得四处看房源，然后把视野聚焦在其中的一部分，接下来做比较——价格贵不贵、上班远不远、有没有星巴克、孩子上学近不近，不一而足，最后，买下其中一套，别的，断舍离。至于后不后悔，再说吧。

如果不是土豪，这个过程一般是这样的吧？

这就是一种典型的决策方式，叫作"理性的决策"——先找到备选方案，再从中比较，然后趋利避害，做出最有利的选择。

可还有另一种情形——

当我家小朋友屡教不改的时候，身为老师，我当然知道最好的办法是摆事实、讲道理，和蔼可亲，循循善诱，可身为父亲，心里却总是有一种想揍他的冲动。

这其实是决策的另一种方式——"规则遵循的决策"。

在这种方式下，你首先会观察自己所处的情形——小朋友又调皮捣蛋了。接下来，这个情形会唤起自己的某种身份——为人师，或是为人父。然后，就会按照这个身份所对应的规则行事——如果此刻我是老师，就会说"孩子，你真棒呀，不过爸爸要提醒你一点……"；如果此刻我是父亲，那就没啥可废话的，先揍一顿再说。

我们在很多时候，是不是按照"我是什么样的人，在这种时候我就该怎么办"这样的逻辑来行事的？

这就是"规则遵循的决策"。

这种决策方式的起点是身份，而每个人都同时有着不同的身份——比如恋爱中的女生，可以是大姐姐、小妹妹、好朋友、合伙人、玩伴，每种身份对应着不同的规则，因而她在你面前变化莫测，让恋爱变得更加有趣。

说到这里，聪明如你，有没有一点启发——管理者能否运用身份，去影响别人的行为？

答案是肯定的，这是个很厉害的招数，包括三个动作。

首先是创造身份。

不管一个人有多少身份，组织聘用的只会是其中一种。同时组织自己也有身份，这个身份与使命、定位、文化有关。这两个身份融合起来，就为组织成员创造出了一个新的身份。

比如，如果你有了"阿里巴巴的程序员"这个身份，一方面这是个人身份——程序员，没啥可说的，别的程序员该做什么，你就该做什么；另一方面，还有社会身份——你是阿里巴巴的人，脑门上刻着一个"马"字，说话办事就得依足了马老板的规矩。当然得是马云马老板，而不是马化腾马老板。

其次，是树立身份。

虽然创造了身份，但是一个人有可能只在显意识层面认同它，潜意识里，认同的是另一个身份。比如我认识很多在军队中服过役的朋友，脱下军装很多年，他们在骨子里，还是认为自己是个军人。

因此，仅仅创造出一种身份还不够，还要强化它。

你要使劲儿往他们身上贴标签，让他们相信自己的身份是充满意义的。还要和他们形成默契，让他们知道，按照这个身份做事，就会有回报，否则，就会遭受损失。进一步地，如果你的段位足够高，还可以从身份中提炼出一些信条，让他们感到自己的身份是好的、道德的、体面的、受尊敬的，这样，即便没有外部激励，他们也会按照这种身份的规则做事。

有了前面这些铺垫，就可以做第三个动作——唤起身份。

唤起身份的办法很多，简单说几样。

"体验式学习"——深化典型场景，让所有的人都看到按照身份的规则做事会得到什么，违背规则会失去什么。

运用"近因效应"——不断去描述最近发生的事情，借以强化身份意识。

强化与他人的区别——通过塑造差异感，强化同一身份人群的心理认同。

……

《三体3·死神永生》里面有句话："宇宙中有的是力量，只要唤起它们为你工作就是了。"

大宇宙是这样，小宇宙亦复如是。

你的管理对象有的是力量，你要是能唤起他们的身份意识，他们就可以自发为你工作，管理也就变得轻松了。

怎么样，身份是不是也可以成为管理的大杀器？

当然这也不奇怪，真正的高手，飞花摘叶，都可当作兵器。

当然前提是要得到一本秘籍。

比如这本《决策是如何产生的》。

本文的思想，即来自这里。

著者是我非常崇敬的大师——詹姆斯·马奇。

这本书非常烧脑，但坚持读完，必有收获。

（2019 年 6 月 26 日）

身份的背后——规则塑造

上一篇，我们谈到"规则遵循的决策"，或者干脆叫它"基于规则的决策"。

这种决策方式的起点是身份，落脚在规则——不同的身份对应着不同的规则，当决策者的某种身份被唤起后，他就会让自己的行为与这种身份所对应的规则相一致。换句话说，一旦被贴上了"身份"的标签，就会让自己的行为符合对应的规则。

今天，我们继续追问，规则又是怎么来的？

是从天上掉下来的吗？当然不是。

规则的形成，应该有着四种不同的过程。

了解它，可以帮助我们能动地塑造规则，而不仅仅是被动接受。

首先，规则可能是有意识选择的结果。

这里说的"选择"，是一种共同行动。意思是达成了某种各方都没有动力违背的协议，大家形成均衡，规则也就被固定下来。长此以往，成为所有人都必须遵守的行为准则或者规范。

企业中任何有效的制度，都具有这样的特点——制度之所以行之有效，是因为制度所涉及的各方都明白，在当前条件下，遵守制度是自己最理性的选择。久而久之，这就会成为公司和员工之间的一种契约，只要是公司员工，就得按照这种契约行事。这样，制度就成了与"公司员工"这一身份相对应的规则。

这个过程提示我们，要想构建深入人心的规则，一定要重视制度建设。建立、强化并且坚持那些行之有效的制度，它慢慢就会在员工心中打下烙印，成为他们理所当然应该奉行的规则，而不会受到质疑——在军队里面，战士就得听班长的，会有人问为什么吗？

其次，规则可能是不断修订的结果。

战士任何时候都必须服从班长，但类似这样亘古不变的规则是极少的。事实上，多数规则都在变化之中。不管是个人，还是组织，在漫长的实践中，都会根据自身的经验，思考哪些规则是有利的，哪些规则是需要调整的。

周星驰在《九品芝麻官》中说了一句很经典的话："贪官奸，清官要更奸，不然怎么斗得过他？"

这是一个很生动的诠释。

"清官"这一身份，似乎就应该一腔正气、两袖清风、坦荡耿直、嫉恶如仇。问题是，现实政治无比复杂，身处种种复杂关系之中的清官，要是真的这样行事，不要说斗倒贪官，自身能不能生存都成问题。只有那些适应环境的清官，才有可能在严酷的环境里有所作为，而他们所遵循的规则，早就和社会对清官群体的想象大不一样了。

当身处狼群的时候，最保险的办法就是一起嗥叫。不然，你都被狼群撕碎了，还谈什么理想抱负呢？

当然，我说的是万恶的旧社会。

这个过程提示我们，在变化的环境中，规则也是与时俱进的。不可过于执着，用一套不变的准则来应对变化的世界，而要动态调整。如果你不去做，下属们就会自己想办法适应，与其让他们总结出一堆乱七八糟的东西，还不如你去主动影响这一进程呢！

第三，规则可能是"传染"的结果。

马奇说过一句很有意思的话："知识的传播过程和时尚的传播过程是十分类似的。"

仔细琢磨，还真是这么回事儿——好的，或者是看上去好的做法一经出现，大家就会纷纷学习模仿，结果是这些做法迅速传播开来，形成共识。

打个比方，假如你是一位人力资源经理，如果你对诸如 VUCA、BSC、KPI、OKR、360、HRBP、EVA、MBO、SMART 这样的英文缩写不太熟悉的话，先不说别人怎么评价你，你会觉得自己是一个很专业的 HR 吗？

专业的人力资源管理者必须对这些行话烂熟于胸，这就是像病毒一样在众多组织中传播着的理念所形成的规则。

至于是不是真懂，会不会运用，那倒是另一回事。

这一过程提示我们，在塑造规则的时候，要重视权威或者意见领袖的作用。有条件的时候，要尽可能利用他们创造自己所希望的规则，而更多的时候，要去关注这些潮流前沿，不断用这些东西来为规则注入新鲜的内容。

最后，规则还可能是进化的结果。

规则和历史有很密切的关系。

会有很多种规则在历史上出现，但随着时间的推移，总有一些规则被淘汰，另有新的规则出现。最终，其中一部分保留下来，成为大家共同认同的规则。

比如，为了达成盈利的目标，企业可能会有不同的办法——有的提升生产效率，有的严格管控成本支出，有的加强研发，有的拼命打广告，有的四处拉关系，有的求神拜佛，不一而足。在一定的行业环境和社会环境之下，有的做法能奏效，有的则不能。一段时间以后，那些能奏效的办法就会保留下来，成为所谓的行业共识。

但和生物进化不一样，这种类似自然选择的机制留下的规则是最适合的，但不一定是最佳的。

马奇对此有一段很精辟的话："实际上，留下来的规则并非一定是明智的，而是取决于变化率、一致性以及愚蠢三者之间相当微妙的相互啮合。至少，智慧要求偶尔偏离规则，要求适应率总体上与环境变化率保持一致，要求模仿网络的组织方式允许明智行动的传播速度多多少少快于愚蠢行动。"

这一过程提示我们，在塑造规则的时候，既要让那些好的规则保留下来，又要善于解释历史。

如果你希望"忠诚勤勉"成为规则，你就得把这样的人提拔起来。这还不够，你还得让别人相信，你提拔起来的人都是这样的。如果你不解释清楚，你的下属们就会用他们自己的方式去理解，然后按照他们自己的理解去做事。这时候，最后胜出的规则是你想要的"忠诚勤勉"，还是他们心里认为的什么潜规则，就很难讲了。

这，也是组织学习的一种微妙方式。

（2019 年 7 月 3 日）

管理组织适应

提高组织的适应性，是每一个组织管理者必须关心的重大问题。在环境变得动荡不定的时候，它的重要性更是毋庸置疑。

今天，几乎所有的企业都强调构建"学习型组织"，就是获取适应性的集中体现。问题是，把大家组织起来听听课，搞搞拓展，玩玩团建，就构建起学习型组织了吗？它背后隐含着怎样的管理问题？

我们看看马奇怎么认识组织适应的问题。

一、思考组织适应问题的前提，是理解适应的过程

在他的著作中，马奇把组织适应视作一个过程。这个过程，与组织变革的过程密不可分。

组织变革的过程是极其复杂的，正如马奇所说，至少包括四种过程，即"结果主义的理性选择过程、不同利益团体之间的政治协商过程、对经验做出反应或者占用他人知识的学习过程，以及差异性生存繁衍的竞择过程"。

正是这四种进程互相纠结的交互作用，构成了组织进化背后的复杂动力机制。而组织通过这四种过程，既使得自己发生变化，又在这种变化中持续学习。因此，这些过程，"既是用来解释组织变革的框架，也是用来培

育组织智慧的工具"。

这才是组织学习的真相，哪里是开展一次行动那么简单呢？

既然组织学习这么复杂，它所导致的结果自然也是复杂的。

因此，千万不要认为学习一定会带来好的结果。

对此，马奇有一句很精辟的话："经验可能是蹩脚的老师，这不仅是因为人类认知能力有限而历史太过复杂，而且因为使用过程容易出现系统性错误。"

换句话说，学习未必促进进化——"学习具有局限性，因为它在解释历史时容易犯错，因为它天生短视且狭隘，因为它容易淘汰它所需要的变异，因为学习系统内部互相嵌套、互相冲突、不同层级之间关系错综复杂"。

既然如此，如何驾驭组织之舟，在适应的河流中沿着有利于组织的航道前行呢？

通常，在看不清楚的时候，我们首先应该选对大的方向，思考解决最核心的问题。

二、组织适应的核心问题，就是如何平衡利用与探索

用马奇的话说，"明智适应的一个根本要求就是在利用已知的东西和探索未知的东西之间保持平衡"。

这个核心问题，贯穿于组织适应的全过程："从经验中学习，它就是运用旧胜任力与发展新胜任力的平衡问题；向他人学习，它就是学习已有榜样与尝试新榜样的平衡问题；竞择，它就是择优汰劣与鼓励新变异的平衡问题。平衡单一性与多样性会涉及平衡利用与探索，就像平衡胜任力与想象力，或者平衡可靠与风险一样。"

纯粹的利用和纯粹的探索都只是存在于想象中的极端情形，最佳的解

决方案，一定存在于两者之间的某个结合点。这个结合点，根据组织的情况，所处的时间空间状况有所不同。而且，随着时空的转换而变化，不可能有一个一劳永逸的解决方案。

比较有把握的是，"一般而言，时间越长，空间越广，最佳策略越靠近探索那端"。

但一味地探索也不行，"没有利用的探索策略是一条通往淘汰的路"，正如"没有探索的利用策略是一条通往废弃的路"一样，它们都会伤害组织。

学而不思则罔，思而不学则殆。

孔子曾经说过的道理，居然照样可以用在现代组织管理的领域。真是不服都不行啊！

顺便说一下，类似这样的二元化思维贯穿于马奇的管理思想之中：从我们前面介绍过的明智与愚蠢，到领导者的角色冲突，再到决策的出发点，俯拾皆是。

虽然组织适应的核心问题，就是如何平衡利用与探索，但在现实中，适应过程往往是有偏的，而不是均衡的。

因为"从系统的角度来说，利用的回报一般比探索的回报更确定、更快、更近，所以在适应过程中利用通常比探索更占优势"。这就是说，不管组织，还是个人，都倾向于重复过去的成功。对利用的偏好多于它应得的，反之，对探索的重视则少于它所应得的。

想想也是。除了极少数例外，所有组织都把短期绩效看得像命根子一样，领导们又怎么可能有动力为了十年八年以后看不见影子的事情而伤害下一个季度的绩效表现呢？

这就导致一种情况——"短期局部看似成功的行动往往被复制，短期局部看似不成功的行动往往不被复制"。这样，短期表现，就像一块红布，遮住了决策者的双眼，使得澡盆里的孩子和洗澡水一起被倒掉了——尽管这样做的的确确淘汰了错误的东西。

进一步地，组织就可能陷入两类陷阱。

第一类，叫作"失败陷阱"。

探索很容易失败，一旦失败，方案就会被淘汰，再探索，再失败，再淘汰，如此循环往复，组织从失败当中什么也学不到，最终无法完成长期适应所必需的学习过程。

第二类，叫作"成功陷阱"或"胜任力陷阱"。

取得成功的方案会不断被重复。越重复，越熟练，于是就会不断被选择。长此以往，组织会变得缺乏在其他方向上的能力，一旦环境发生变化，这样的组织就难以适应了。

最典型的例子，就是柯达。

"不重复曾经与失败相联系的行动，适应过程就可能不会更正错误的局部印象"，但重复那些有潜在价值的失败行动，必然会给组织带来短期的损失。正确的做法发挥作用需要一个过程，但很可能发生的情况是，"在整体的积极反馈出现以前，局部的消极反馈可能已经让行动偃旗息鼓了"。

典型的例子出在职业足球中。一旦成绩不好，主教练就面临着被解雇的风险，而下课的时候，也许他对球队的改造计划正在一点一点生效。因而顶级的教练，都知道如何一边保持短期成绩，一边实施长期改造——这就意味着在探索和利用之间达成均衡，而这种能力是极其稀缺的。

既然知道了适应倾向于利用，那么为了减轻这样的倾向，组织可以做些什么呢？

马奇为此开出了两个药方：利他主义和自我控制。前者指的是鼓励牺牲局部利益，成就整体利益；后者指的是鼓励牺牲短期利益，成就长远利益。

看起来，这两点都有些站着说话不腰疼的味道，原因是通过组织设计达到利他主义和自我控制，对任何管理者都是绝大的挑战。

当然，实施层面的问题不在马奇的考虑之列——他的思想已然让我们受益无穷。尽管如此，他还是提到了一些做法。比如，既然"探索的时候得到的反馈可能是消极的"，那么干脆在"探索的时候不接受反馈"，至少能够"创造性地解释消极反馈，让它们看起来像积极的"。

这两个办法都可以在一定程度上纠正组织适应中强调利用的倾向性。但别忘了，探索本身，也是良莠互现的——"所探索的好的新想法越多，所探索的坏的新想法就一定越多，对好的新想法的探索越持久，对坏的新想法就一定探索得越持久"。

因而马奇指出，组织适应"有时解决问题，有时制造问题"，与很多人的想法不同，"长期来看，低速度、低精度的适应"反而会"好于高速度、高精度的适应"。

这，就是马奇教授关于组织适应的真知灼见。

很难说这些东西是否有用——它们的确很难落地操作。

但我认为，它有助于帮助管理者构建自己的心智模式。至少，可以使他看到不同的可能性。

若你希望从中汲取有用的教益，对不起，你会发现它是无用的。

但若你能放下功利之心去品鉴，也许，你会发现它有一点点作用。

以无所得故，才能心无挂碍，从而远离颠倒梦想！

（2019 年 9 月 4 日）

好玩儿很重要——明智的愚蠢术（上）

决策行动的背后是做选择。

一般认为，人类在做选择的时候，具有三个基本特点：

一是目的明确，即有一个先验而明确的目标，有一套明确的评价标准，就像传统经济学中序数效用论告诉我们的那样，人的偏好是有次序的。

二是一致性，即整体大于局部，行动之间必须协调，在价值观之下，偏好的次序是稳定的。这种一致性不仅是传统观念，更是为不同的文化传统所歌颂的美德。

三是理性至上，即在目标之下，审慎选择路径，争取最好的结果。

这些观念来自理性主义，也曾实实在在地引领了人们对于选择行为的认识——正是在这些认识的基础上，构建出了现代决策理论的大厦，而现代决策理论的研究成果反哺于工商界，为构建我们身边这个繁华的商业世界做出了不可磨灭的贡献。

事实上，它是如此重要，以至于我们认为好的决策就应该是目的、一致和理性的三位一体。

但是，人类真是这样的吗？

大到历史上的伟大发明，小到个人的职业生涯，都是在明确目标的驱动下进行的吗？

当年，苹果公司在创制智能手机这个划时代产品时，可曾有一个明确的目标? 没有,也不会有。指引他们的,充其量是愿景而已。

有多少人能够严格遵循一致性的规则为人处世? 如果能这样做的人不多,那么人的天性中,是一致性多一点,还是不一致性多一点?

我们每个人都有直觉,凭直觉做事,或者用更文艺一点的说法,"听从内心的召唤",是不是也有很多正确的时候?

我们每个人都有信念,有时是不是也会做一些明知没有好处,但却理应如此的事情? 不管你是"虽千万人吾往矣"的大人物,还是那些"生于编伍之间,素不闻诗书之训,激昂大义,蹈死不顾"的小角色。

想到这些问题,目的、一致、理性这些传统观念还那么正确吗?

也许,在工业时代,为了维系一个协调有序,秩序严格的世界,坚持这些原则是有利的。

但在今天这样一个充满着突变而不是渐变的世界,旧有的这一套基于理智的行为模式,如何能孕育出颠覆性创新的种子呢?

如果前面说的可以被叫作"理智术"的话,也许我们还需要一些别的东西——这就是马奇所说的"愚蠢术"。

所有根本性而不是改进性的创新,都来自疯狂的念头。这些念头有一个共同点,就是"愚蠢"——它们听起来都是荒谬的,都是不能为多数人所接受的。

当然,愚蠢的念头变成伟大创新的概率,怎么也超不过万分之一。

没有愚蠢,就没有颠覆;但放任愚蠢,也不会得到好的结果。

既然管理的精髓就是权衡,那么,"愚蠢"这一特质,可不可以纳入权衡的考量呢?

答案是肯定的,这就是"明智的愚蠢"。

既然严格坚持目的性、一致性和理性,会限制我们寻找新目的的能力,那么,有没有一种办法,可以突破它们所带来的限制,促使我们在必要的范围内摆脱理智逻辑,从而看到更加广阔的世界呢?

答案也是肯定的，这就是玩耍——好玩儿，真的很重要。

所谓玩耍，并不是玩忽职守，游戏人生，而是"故意暂时放宽规则，以探索有没有其他规则可选"。换句话说，玩耍意味着降低严肃性，鼓励不同方向的尝试，允许试错，增加对失败的容忍。

我们很容易想到，玩耍的状态会刺激灵感——实际上，很多重要的发现都是试出来的，很多了不起的想法都是聊出来的，很多优秀的作品也都是灵光乍现做出来的。

为什么会这样呢？

因为玩耍本身，就是对前面说的那种标准的理智模式的挑战。在现实工作中，不符合理智模式的言行，是会受到鄙视的。但在玩耍的状态下，却不会。

玩耍既允许尝试，又承认理智。玩耍者知道，规则的放宽是暂时的，玩耍的结果只要纳入正式的框架，就必须回归到传统的理智模式——侃出来创意之后，就必须通过严格的组织过程将它落地实施。

玩耍和理智在行为上是竞争的——你不能同时既玩耍又理智。

但它们在功能上又是互补的——玩耍可以带我们去到理智不可企及的角落，理智可以帮助我们把玩耍中得到的启示变成现实。

如此看来，在组织管理中，实在有必要为玩耍留下一席之地。

当然，能这样做的前提是领导者自己，要成为会玩儿的人。

但现实是令人沮丧的。

马奇写道："一个人越擅长一致，理性就会越早获得越重的奖励。一致理性被定义为智慧，教育系统的奖励机制与它有着千丝万缕的联系，社会规范向一边倒，特别是对男人而言……结果就是很多最具影响力、最有教养、最顶尖的公民变得理性过头了。他们极其擅长维持一致的自我形象、让行动与目的保持一致，他们极其不擅长用一种玩耍的态度对待信念、一致逻辑和世界观。男子气概、坚强有力、独立和智慧等格言无法容忍玩耍的冲动，不能控制玩耍冲动的人是弱者。"

久而久之，大家已经丧失了玩耍的功能——尽管在内心深处，这些精英们还会把玩耍当成一种奢望。

看来是时候引入一些变化，将玩耍注入我们的日常了。

应该怎么做？马奇提出了五个建议和五点启示——在我看来，某种大智慧，在这其间若隐若现。

这些建议和启示是什么呢？

（2019 年 7 月 10 日）

玩耍的规则——明智的愚蠢术（中）

世间任何事物都是双刃剑，决策模式也不例外。

我们浸淫其中的理智模式，决定着这个世界的基本格局。然而，最具突破性的那些飞跃——从蒸汽机到原子能，从万有引力到载人登月，却常常来自疯狂的念头。

马奇告诉我们，为了去到那些理智难以企及的角落，有必要用玩耍来暂时屏蔽理智。

应该如何玩儿呢？这个问题其实很重要，重要到涉及范式的变换和决策模型的改写。

至少在今天，谁也无法完美地回答这个问题——智慧如马奇，也只能为玩耍提出五条规则。

但即便以本人这点微末道行，都能够隐隐感到，这五条规则中，藏着大智慧。

第一，把目标当作假设。

既然要决策，就总该有个目标，这似乎是天经地义的。

但如马奇所说，如果"我们把决策过程定义为不断检验目标假设的时机"呢？如果目标允许怀疑，允许尝试别的目标，也许我们会发现一些更有趣的事情也未可知。

因此，目标，也许不一定就是那么神圣的东西。

就像哥伦布，在出发的时候，他的目标"一路向西，到达中国和印度"其实只是一个基于地球是圆的而做出的假设而已。结果呢？他没有实现目标，却做出了更了不起的发现。

凡所有相，皆是虚妄，所谓目标，亦复如是——西方管理大师的思考和佛学的教导在这里竟然契合了起来，更让人感觉到"大道无形"的力量。

第二，把直觉当成真的。

既然真实的目标可以被当作假设，为什么不能反过来，把或许并不真实存在的事物当作目标呢？

直觉，曾经帮助过你做出正确的选择吧？

其实任何行当，只要水准足够，你都会感受到直觉的力量。

既然如此，为什么要把它排斥在决策之外呢？

马奇说："直觉允许我们在现有的行为正当性评判体系之外看到其他的可选行动。"

这就是直觉的价值。

把直觉当成真的，从某种程度上，相当于树立愿景，然后用愿力的力量来牵引，让我们从真实的现在达到理想中的未来。

第三，把虚伪当成过渡。

颠覆式的想法往往离经叛道，很多时候也不会符合多数人的价值观。但如果把所有异端都在十字架上烧死，也许会错过最有价值的东西。

不如宽容一些——学着接纳那些让你难以接受的东西，学着把那些坏人坏事看作变好的过程中所经历的一个阶段吧！

这样做会最大程度地保护变化。在马奇看来，"一个有着良好企图的坏人也许是在尝试变好的可能性……鼓励他的尝试比嘲笑他的尝试更明智"。

当然，这样做的结果，可能会使真正的邪恶逃脱惩罚。

但用马奇的话说，我们不能为了不被辜负才去信任。

仔细琢磨，能说出这话的人，实在是很高级的。

佛法无边，原无不可度之人。

第四，可以把记忆当成敌人。

仔细想想，有很多时候，记忆引领着我们做出一个又一个正确决定。但正是这些正确的回忆，让我们试图重复过去的成功。

可是，昨天的旧船票，能否登上今天的客船呢？

如果一切都不变，当然可以。

但如果一切都在变呢？

执着于过去的记忆不放，等于自己的心还停留在过去。那些成功或者失败的记忆，就会成为束缚你的藩篱。

不如放下吧！放下过去成功或者失败的包袱，学会遗忘。这样，尽管你还在原来的体系中，还用原来的方式思考，但至少，你不再受到历史路径的影响。

第五，可以把经验当成理论。

马奇说："学习可以理解成这么一种过程：定义行动和结果，推断行动和结果之间的关系，形成一系列结论。"

诚哉斯言！

当我们在不同的时间，用不同的方式解释历史的时候，就会得到不同的经验。我们知道，现在来自过去，现在和过去一起构建未来，因此，如果能从历史中学到不一样的东西，是不是就在创造不一样的未来？

但要注意，用不同方式解释历史的能力和机会从何而来？它一定来自现在和未来。你看，现在和未来，是不是也可以改变过去？

过去心不可得，现在心不可得，未来心不可得。

但过去、现在和未来之间的关系，可能并非如你所想的那样是单向的，而是处在更复杂的影响网络之中。

了解这一点很重要，很重要。

不过还是言尽于此吧，再说下去就有迷信之嫌了。

（2019 年 7 月 31 日）

发挥玩耍的威力——明智的愚蠢术（下）

用玩耍替代理智的五个建议，那是大智慧。

这些大智慧，可以暂时给理智按上暂停键，用玩耍取而代之。

在理智的这段空档，如何发挥玩耍的威力呢？

马奇为此又提出了几点启示。这些启示语焉不详，只是思想的火花，还算不上应用法门，但的确有可能就此推演出一套武功。

第一，我们可能需要重新认识组织中那些习以为常的事物，比如决策、计划和评价系统。

如果对组织有足够的掌控力，决策者可以考虑将决策中妥协与相互协调的成分降到最低。同时，用决策挑战组织中根深蒂固的信条，重构行为的前提。这样，传统意义上的决策就被改造成为"颠覆有关组织在做什么的先前概念的过程"。

在制订计划的时候，为了"向前看"，可以考虑"向后看"。为了向前发展新的目标，有必要回顾过去的行动，用今天的经验解释过去的行动，从过去的行动中发掘新的意义。

要重新考虑评价体系的作用——那些吹得神乎其神的评价方法，其实也未必发挥了传说中的作用。在今天这个变化的世界里，严谨的评价标准和评价流程真的能反映丰富的现实世界吗？如果答案不是那么肯定，为什么不把它们暂时放下，大大方方地承认用主观体验来评价自有其独到之处呢？

第二，在组织和社会的交界之处，我们也许应该重新考虑责任。

这一点适用于公共管理者。用马奇的话说，"（个体）偏好和（社会）行动各自随时间变化的同时还相互保持一致"，因此既要"通过行为预测公共偏好"，又要"为个体提供体验让其修订期望"。

第三，对于组织本身，也许应该接纳组织中的玩耍。

个体要变得好玩儿，组织也可以变得好玩儿。与鼓励个体玩耍一样，也可以鼓励组织玩耍。用来做到这一点的工具就是组织设计。组织结构和业务流程也许不用总是板起脸孔，紧绷绷的，管理手段也不一定要永远那样严肃，就算人不好玩儿，组织也可以变得好玩儿。

对于这一点，马奇写道，"我们鼓励（并且坚决要求）组织通过玩耍从控制、协调和沟通当中暂时解脱一下"——用《失控》中的道理来印证，这不就是用失控代替控制吗？再看看今天我们身边很多平台化的组织，它们不是在某种程度上践行了马奇的这番理论吗？

这，就是马奇对运用愚蠢术的建议。

我们如此习惯于理智，但人类终究不是完全理性的动物。

理性曾经带给我们很多，但不包括那些最重要的灵光一现。

如果很难再从理性这个柠檬中榨出更多的汁液，为什么不去尝试突破呢？

也许，愚蠢术就是这种尝试的灵光一现。

也许，正如马奇所说，"在某些条件下，愚蠢能够用来解决现在的智慧理论不能解决的某些问题。愚蠢也许是种好方法，能在保留一致美德的同时激发变化。如果我们有一门好的愚蠢术，那么也许我们能够用它（结合理智术）来发展一些不同寻常的态度和行为，就是让世界上的人、组织和社会变得有趣的态度和行为"。

什么时候该理智，什么时候该愚蠢？

该有几分理智，又该带上几分愚蠢？

这样的问题，就像管理应该有几分科学、几分艺术一样，永远不会有标准答案吧！

但管理本身就是权衡，不是吗？

（2019 年 8 月 22 日）

组织变革的画卷：平淡是真

组织变革永远是管理活动中绕不开的主题。作为管理大师，马奇自然也对这个问题给予了关注。

马奇照例不屑于给出任何具体的方案，那是大师的一贯风格——他认为无用的东西才是美的。但和处理很多别的问题一样，他还是会把组织变化的全貌展示给我们。

说到变革，我们很容易联想到一个个充满情怀的改革家，同僵化保守的组织作斗争的悲壮画面。然而事实上，组织并不像我们想象的那样冥顽不化。组织，特别是企业，总是处在变化之中。用马奇的话说，"组织具有相当的稳定性，但是我们在组织中观察到的变化又足够多，这说明组织……能够对易变的环境做出响应——轻易地、常规地，尽管并非总是最佳地"。

为什么在我们的认识中，组织好像没有发生过那么多变化？这是因为组织的变化，往往是平平淡淡的，而不是轰轰烈烈的。"变化之所以发生，是因为组织中的大部分人做自己应该做的事情"，每个人面临环境变化时，或多或少都会做出一点改变，所有人的变化加在一起，组织就变了。

没有不变的组织，关键看组织变化的方向和进程，看谁在主导和驾驭组织的变化。

组织变化有下面六种动力，即六个基本的组织行动观。

第一个是"规则遵循"——在这种视角看来，组织的行动是"在适当的情境应用标准的操作流程或者其他规则"。

这些流程或者规则来自优胜劣汰的历史演进。活下来的组织所选用的，就会被留存下来，因此这其实是一种生态学的竞择视角。

举个例子，当组织面临挑战时，是应该乾纲独断还是集思广益？打从古罗马人面临危急情况任命"狄克推多"（dictator）那时起，前者就被证明更有生命力，因而经过漫长的历史演进，采取这种规则活下来的组织更多，它也就成了在危机情境下占优势的规则。

第二个是"问题解决"——"行动可以看成问题解决"。

这是一种经典的理性模型。出现问题以后，找到若干解决方案，再根据一定的准则从中选一个最有利的加以执行。各种教科书，都喜欢假定决策的过程是这样的。这种方式虽然看上去有点书呆子气，但必须承认，很多时候组织就是这样行动的，至少所有的决策流程都会这么写。

第三个是"学习"——"行动可以看成源自过去的学习"。

这是一种经验式学习模型。组织在历史的经验教训中汲取养分，"重复与成功相联系的行为，避免与失败相联系的行为"。因此，这是一种经验式学习。

前不久法国马克龙政府在"黄马甲运动"中的软弱无力被全世界看在眼里，相信各国政府都会思考，思考的结果体现在行动中，恐怕面临类似的事情，谁也不会像法国政府那么软弱了。

第四个是"冲突"——"行动可以看成有着不同利益诉求的个体或者团队之间相互冲突的结果"。

显然，在这种视角下，行动是妥协的结果，这是一种政治模型。参与各方的博弈和妥协，有的时候会以一种最大公约数的方式推动组织进化，但有的时候也会让组织在内耗中衰落。在后一种情况下，往往局中各方都一筹莫展，拿不出有效的解决办法，只好眼睁睁地看着组织这条大船沉没。

历史小说《斯巴达克思》里面，历经千辛万苦终于把队伍带到阿尔卑斯山脚下的斯巴达克思，却无法说服自己的战友，只能达成妥协，着手执行连自己都看不到希望的计划——南下攻击罗马。结果，越打越弱，越打越被动，终于兵败身死。这是一个关于领导者的远见不能被组织接受的典型例子，故事令人扼腕叹息，但这样的活剧却总是一再上演。

第五个是"传染"——"行动可以看成在组织之间传播"。

这是一种传染模型。一些行动可能像时尚或者传染病一样，在组织之间流行开来，甚至成为组织的标配，不跟风的组织看起来反而不太正常。

每到年底，所有自认为自己算互联网公司的企业，都会搞一场炫酷的年会。其实，大家坐在一起吃顿饭聊个天，再把红包分了，其乐融融，又有何不可呢？但所有的企业都这么干，你的公司要是不在争奇斗艳的年会大潮中刷一下存在感，简直都没法做人了。

最后一个是"再生"——"行动可以看成组织行动者意图和胜任力的结果"。

这是一种再生模型。伴随着人员流动，组织中的能力、目标、架构、规则乃至风格、氛围都会发生变化，组织的行为自然也会不同。

有一件事情，你多半被它折腾过——"新官上任三把火"。新的领导，通常会带来新的意图、新的目标、新的行事风格，当下属的，自然就得多担待一下了。其实不仅仅是换领导，就是团队中更换了比较重要的成员，我们也能感觉到微妙的变化。

凡此六种，就是组织对环境做出响应背后的机制。它们并不是互斥的，甚至多数时候，也很难分清哪一种占据着主导地位。正是借助这些机制，组织才能"应对环境挑战，或积极适应环境，或消极回避挑战，或力求理解环境，或努力改造甚至控制环境"。

回顾这些机制，我们会发现组织变革的"根本逻辑不是行为稳定性逻辑，而是响应逻辑"，但这种响应的过程往往"倾向于维持稳定的关系、坚持现有的规则、缩短不同组织之间的差距"。我想，这也是组织惯性的体现。

"曾经在幽幽暗暗反反复复中追问,才知道平平淡淡从从容容是最真"——组织变革,是多种机制推动下,平平淡淡的过程。但是,平淡的过程,有时却会带来一些意外,这又是怎么回事呢?我们下次分解。

(2019 年 9 月 17 日)

组织变革的画卷：平静带来的暗流

组织的变化，往往是平平淡淡的，而不是轰轰烈烈的。

组织变化的背后，有六种动力，即在上一篇详述过的六个基本的组织行动观——规则遵循、问题解决、学习、冲突、传染和再生。

有没有注意到，这六个组织行动观，有一个什么共同点？

这个共同点，就是它们都假设组织是理性的。

的确，如果站在组织而不是个人层面去考察，一个组织，特别是企业这样的营利组织，陷入整体性癫狂的时候不是没有，但确实很少，不能代表组织的常态。

好玩儿的是，平淡的组织变革中，往往会孕育意外的结果。这颇有些静极而动，无中生有的禅境——有没有感觉到蕴含其中的美感？

算了，不问了，肯定没有。

我们接着说干货。

为什么平淡的过程会产生意外的结果？马奇给出了三个条件。

第一条件，是"组织的适应速度和环境的变化速度不一致"。

不论从哪个行动观出发，组织变革都离不开每个人在岗位上的日常工作。从这个意义上讲，变革的速度基本上是不可控的。就算变革的速度可控，也没有什么机制保证组织正好和环境变得一样快。

当变革的速度慢于环境变化时，组织就会变成恐龙一样的怪物——最极端的例子，就是被迫睁眼看世界的大清帝国。当组织变革的速度快于环境变化时，组织就会处于不停的折腾之中，其行为当然也不会很明智。

怎样才合适呢？天知道。

接下来，是我认为更重要的第二个条件，"过程的外显因果关系与内隐因果关系也许并不相同"。

组织的反应，一定建立在对因果关系的某种认识上，然后，种善因去恶因，冀求得到善果。但组织的这种认识，并不见得是正确的——诡异的是，遵循这种认识，组织仍然有可能取得成功，成功会促使组织坚持自己的认识，长此以往，一定会在某个节点，发生组织始料未及的变化。

譬如希特勒，他认为德国输掉一战的原因是犹太人的破坏，立志要"用德国的剑为德国的犁赢得土地"——这种认识显然是错误的。但因为长袖善舞、军队神勇，加上命运之神眷顾，取得了一连串的胜利，于是，德国越将其奉若神明。可错误的东西终究是错误的，末日到来的时候，前面胜利成果尽数丧失，最后落得个国家败亡的结局。

马奇对此有一段很精彩的话："组织用一个虚假的或者不完全的因果模型，解释模糊的经验，不断得到验证，于是认识不到这个因果模型是虚假的，或是不完全的而坚信下去。"

这话堪称金句，揭示了很多组织的盲点。

第三个条件，是"数个乍看起来很明智的过程同时平行进行，也许会产生意料之外并且违背各自初衷的结果"。

这个好理解。比如公司同时开展了好几个项目，但不幸遇上削减资金，它们被迫卷入内部的资源争夺战。为了胜出，它们很有可能进行自我调整，尽量把自己变得更有希望、更吸引眼球——这样，走着走着，就偏离了初衷。

为了帮助我们理解，在组织行动产生意外结果方面，马奇举了六个典型的例子，我们也可以把它看作组织行动的误区。

一个很重要的例子，来自通过顾客流失来监控质量的行动。

因为质量是花成本换来的，所以根据顾客反应动态调整质量水平是明智的做法——顾客质量投诉上升，意味着质量下降，就会刺激企业提高质量水平。

这个逻辑看起来无懈可击，但在现实世界中却有可能荒腔走板——如果质量下降，最有可能流失的就是那些质量要求比较高的顾客，留下来的则是那些质量要求比较低的。这时，投诉率反而会降低，投诉率降低，就会刺激企业降低质量水平，如此恶性循环，导致质量迅速衰退。

仔细思考这个例子，也许会领悟到更多的东西。

另一个例子是所谓"报答朋友拉拢敌人"。

这八个字的意思毋庸解释。马奇说："只要合作的基本策略是引诱反对派的领导者接受更多合法角色以削弱其势力，那么这种策略就会造成一种显而易见的复杂情形——拉拢其实为难以取悦提供了激励，进而加强，而非削弱反对。"

宋代有句俚语，叫"欲得官，杀人放火受招安"，就是这一策略带来意外结果的生动写照。

还有一种情况叫作"强者愈强弱者愈弱"。

组织层面存在某种马太效应，即"组织从经验中学习，重复与成功相联系的行动。结果，与失败领域相比，组织就会在成功领域积累更多的经验，从而在成功领域练就更强的胜任力，进而更有可能在成功领域获得成功，如此循环下去"。

这个机制，也许可以解释组织为什么总是倾向于重复过去的成功。这样做，在组织所处的环境缺乏变化，或者变化是"小步快跑"式的，都问题不大。但当企业面对大幅度改变的环境时，过去的经验反而有可能成为企业的战略包袱而不是战略资产。

因此，重复历史路径这个策略，真的有其适用条件。

与之相关的，是"迷信经验"——组织从过去的经验中学习，但如果组织积累经验的速度跟不上环境变化的速度，过去的经验就有可能变成桎梏。这时候，也许即立即破是更好的办法——凡所有相，皆是虚妄，见诸相非相，即见如来。

下一个例子是"不求最佳但求满意"。

"最佳"的方案着眼于长期利益，有利于实现价值最大化。相对而言，"满意"的方案则着眼于短期利益，有利于实现预期目标。显然，组织通常会选择满意方案，而不是最佳方案。

这样做，会产生什么结果呢？

一方面，当组织身处逆境的时候，为了完成目标，有可能选择风险更高的策略，而不是降低目标。但并不是所有的组织都适合承担更多的风险，当不具备承担风险资质者这么做的时候，就有可能把自身置于危险的境地。"处于逆境的组织会采取越来越冒险的策略，这既增加了渡过现有危机的可能性，又同时增加了灭亡的可能性"。

另一方面，当组织处于顺境的时候，因为达成目标无虞，自然会规避风险。但是，组织的顺境，有可能来自运气、目标设置等因素，而不是其经营水平，这样一来，有可能带来不适当的风险规避倾向。

我们说 KPI 导向，存在深层次伤害组织的风险，背后的组织理论依据也许就在这里。

这就牵涉出了最后一种情况——"绩效标准"。

设立绩效指标，是为了让组织不断改进提升。但绩效指标，特别是财务指标的设立，有可能导致管理层为了财务报表而工作，到头来虽然能拿出一份漂亮的财务数据，但伤害的也许是未来的发展潜力。这一点，已经被很多出问题的上市公司所证明。

非财务指标和财务指标相结合也许是一个改进办法，但谁能保证，度量诸如领先时间、创新性、满意度等指标的过程，不会受到组织管理者的干扰，甚至操纵呢？当然话又说回来了，有个绩效标准总要好过没有，至少在绝大多数组织当中是这样。

看来，设立绩效指标和管理中的很多东西一样，并不是一种最好的选择，只不过是一种"不最坏"的选择而已。

上面说的所有这些，马奇把它们叫作"平凡行动的意外结果"。除此而外，还有其他一些组织行动带来惊奇的驱动机制，我们下次再介绍。

（2019 年 9 月 25 日）

组织变革的画卷：第三只眼看变革

上篇说到，平凡的组织变革过程会孕育意外的结果。

但变革本身，又是非常复杂的。仔细探究下去，里面有很多容易被我们忽略的东西。这些东西，使得变革可能带来始料未及的结果。

一、从动力角度来看，变革可能不是问题驱动的，而是对策驱动的

如何理解"对策驱动变革"呢？可以从三个方面解释。

首先，组织可能面临很多问题，但手头只有少数几个对策。好比张无忌他们被放逐到荒岛，殷离被周芷若用剑划伤了脸，身上还发起热来，他虽然医术通神，知道如何医治，但苦于手中无药，无奈之下也只好能采到什么就用什么。至于结果如何，就不能逆睹了。

其次，对策和问题之间的关系不确定。这使得组织无法做到一一对症下药，这时，"采取特定对策的动机有可能和解决特定问题的动机一样大"。

最后，"激发变革的不是逆境，而是成功；不是问题感，而是胜任感以及对变革是可能的、自然的、适当的信念"。在现实中这样的例子很多，比如领导仅仅是出于比较抽象的理由，而不是现实存在的现象而推动变革——甚至，只是为了有别于前任，就会发起一轮变革。

不管哪种情况，如果变革是对策驱动的，最后的结果，就很可能是创造出一种适宜于展开对策的环境，而不是解决组织中存在的问题。虽然组织在经历了这样的变革后，一定会宣称自己的运作效率得到了极大的提升。

二、从组织和变革本身来看，"组织在变，变革也在变"

变革自身就是摸着石头过河的过程，变革的意义、方向、手段无不处于变化之中。执行变革的组织也处在变化之中。除去常见的结构、人事方面的变动，组织的发展方向，甚至组织使命都在变化。一个机构可以变得面目全非，一个玩耍的组合可以变成一个创业团队，一个创业企业可以走上和初始的计划完全不一样的轨道，这些事情都是屡见不鲜的。

关于组织和变革本身的变化，还是让我们看看马奇那段精辟的话吧——"组织采取行动，在行动过程中，趁机重新定义组织目标。偏好和目标可能随着行动而改变……组织在偏好的名义下行动，又往往在行动的过程中发现新的目的。"——因此，对于一个变化中的组织而言，保持初始计划，即便不是不可能的，也是非常艰难的，当然这也不一定必要。

以上种种，说明组织变革好比在移动的船上射击移动的靶子，面对如此的不确定性，谁又有那份智慧来预言变革的结果呢？

三、从组织与环境的关系上看，变革"响应环境，亦创造环境"

企业总是处在竞争的环境中。竞争互动之下，一个组织的行为，就是另一个组织的环境。

适应是双向的——组织适应环境的时候，环境也在适应组织。比如客户和供应商之间，就是一种双向适应的过程，又比如，管制和企业之间，也处在相互适应之中。

组织适应环境的一种重要方式，就是为自己创造环境。战略管理中的环境塑造视角，说的就是这回事儿——企业通过影响政策法规、向社会捐赠等手段，来为自己创造一个良好的环境。

那么，变革会创造出什么样的环境？这是一个多个组织参与其中的交互过程，谁也说不好。

四、从"变革"这一系统内部构成的角度来看，始终存在着个体、组织、组织群的相互作用

变革会涉及个体、组织、组织群这些不同的层面。因而，"组织变革可以看成三个系统的互相啮合"，而这三者的目标函数并不相同，这样一来事情就变得复杂了。

个体和组织对变革的期望并不一样。

"例如，组织中的个体把他们在组织中的处境（例如他们的工作）看成他们环境的一个重要部分，设法根据他们自己的需求维持组织内的变革—稳定平衡。然而，我们没有什么特别的理由假定个体发展对变革—稳定的要求与组织生存对变革—稳定的要求互相一致或者互相匹配"。但组织变革总要依靠个体推动，当变革的进程与个体的期望相悖的时候，个体会牺牲自己成全变革，还是想办法悄悄改变变革，使之符合自己的需要？这个问题并不难回答。

在组织和组织群这两个层面，变革的意义也是不同的。

"组织生存对于组织来说比对于组织群来说更像一个强制要求。组织群生存所要求的组织变革也许对于个体组织来说并不合适，组织群生存对组织柔性或者刚性的要求，也许高于个体组织对组织柔性或者刚性的要求"。

总而言之，组织作为系统中把个体和组织群啮合在一起的环节，在变革的时候，既存在着与个体之间的双向适应，又不得不考虑适应组织群这

样一种重要的环境。为了达成这样的适应，组织推行的变革也许并不是它需要的，或者是想要的。

上面说的所有这些加在一起，也许才是组织变革真正的面貌。可见，在所有这些因素的共同作用之下，想要控制变革该有多么艰难！

如何提高变革的成功率呢？马奇开出的药方仍然不出"愚蠢术"的范畴，当然这次的表述更加高大上一些——"内隐的利他主义"。

如果我们承认"组织需要在具有外显明智性的变革过程（例如，问题解决、学习、计划）与某些难以局部证明其合理性，但是从长期整体来看非常重要的、愚蠢的变革过程之间维持平衡（或辩证）"，那么，某种"具有愚蠢特色的文化有利于我们理解组织变革和创新"。

为了保护那些愚蠢的变革，马奇列举了下面几种组织机制。

组织宽裕。允许尝试、接纳变异、宽容失败。

管理激励。改变传统的激励方式，激发玩耍，鼓励"引入新想法、新技术、新产品、新口号、新气象或者新组织形式"。

象征行动。可以"通过引入变革或者变革象征物来展现胜任力和权威"。既然象征的价值这么重要，当然可以用它为变革开道。

模糊性。在组织内部引入不确定性，在不确定的环境中促进变异的产生。

松散耦合。组织内部的行为和意图、跨团队跨部门协作一定存在着松散、不协调的地方，但不要试图过度规范。组织过度追求整齐划一的代价，一定是扼杀创造性。

这些东西有利于组织保持一定程度的愚蠢。不管多么强调理性，愚蠢也是重要的。它体现着内隐的利他主义。

只是，这种内隐的利他主义能实现吗？

至少在多数组织不会，因为我们受的熏陶，都属于"精致的利己主义"。因而我们都太过精明而不是太过愚蠢。

因此，我认为多数组织适应不了变革。

这个结论难免令人沮丧，但我说服不了自己放弃它。

（2019 年 10 月 9 日）

冲突与和谐：《论领导力》读后感

"领导"是个有魔力的字眼，它吸引了体制内外的无数人为之忘我奋斗。成为一位领导的好处是显而易见的，但它的另一面，恐怕非亲历者就难于知道了。否则，就不能解释何以领导们的幸福感其实并不如一般人想象中的那么高。

领导意味着什么？领导者的世界，真相又是如何？"大师中的大师"詹姆斯·马奇用他的《论领导力》一书，对这类问题做出了既高屋建瓴又鞭辟入里，既有学术上的严谨又不失诗意和趣味的解释。

马奇把自己的著作定位为"赏析领导力"，而且"不是为了颂扬它而是为了基于我们的敏锐和理解充分认识领导力"。正如矛盾冲突产生美一样，为了赏析领导力中蕴含的美感，也许我们也要从领导力中的矛盾与冲突之处入手。

一、领导者的角色：管道工与诗人

马奇在书中说了一句很精辟的话："领导力有两个基本的维度"，即"管道"和"诗歌"。

维系组织正常运转，这是一切的前提。因而领导的基本作用，就应该是监管组织的运行效率，这就是"维修管道"。

"维修管道"要求领导者具备"有效地利用已知技术的能力",包括"掌握全局的能力"、"基于授权与追随而创新的能力"、"组织所有成员相互信任的共同体氛围"和"隐蔽的组织协调途径"。这些事情平淡无奇,但只有做到这些,才能保证"每天的卫生间可以正常使用,确保有人接听来电"。

生活不只眼前的苟且,还有诗和远方。如果说"维修管道"是眼前的苟且,"书写诗歌"就是诗和远方。

正如马奇所说,(诗歌)"引领了领导者伟大的行为,激励他们探索新的途径,发现有价值的意义以及满怀激情地生活"。诚然,维持组织的正常运行,是领导者的基本责任。但领导者还有一个义务,就是带领自己的组织不断进化,让组织承担某种超越现实利益的使命。否则,组织就失去了存在的意义,这样的企业会迅速落败,这样的非营利组织也会在熵增中沦为《红楼梦》中的贾府。

曾经出版过八本诗集的马奇说了一句很优美的话:"领导者也需要诗歌的熏陶,来获取行动的意义,使生活更具有吸引力。"这,就是"书写诗歌"的本质。

很显然,"书写诗歌"所需要的能力和知识与"维修管道"截然不同。

但是,时势造英雄,还是英雄造时势?伟大的组织,是伟大的领导者造就出来的,还是如同风口上的猪一样,领导者只不过碰巧身处被命运选中的组织之中?

既是管道工,又是诗人,这是领导者角色上的根本冲突,这种角色冲突深刻地体现了领导行为区别于一般管理行为的差异。我认为,正是在这两种角色之间的游走,决定了领导者时常被置于分裂的境地——什么时候应该扮演管道工,什么时候应该扮演诗人;怎样在两者之间取得均衡,如何迅速地在两种角色之间切换?

这,或是我们"赏析领导力"的起点。

二、领导者的逻辑：现实与梦想

马奇认为，领导者的行为逻辑有两种：结果逻辑和适当性逻辑。

马奇说，"在结果逻辑中，行动的动机是希望得到有利的结果"，它"几乎可以作为所有关于动机、激励和决策制定的讨论的基础"。

结果逻辑充满了功利性，要求谋定而后动，这是绝大多数人信奉的逻辑，应该说，也是理性、科学、富于竞争力的逻辑。

很显然，为了"维修管道"，必须坚持结果逻辑。

但有时候，事物变化会呈现出突变的特征，带领组织走向新高度的，是领导者的雄心和展望，而不是精明的计划与权衡。是为境由心造。

还有的时候，我们决策的基础并不是现实的得失。诸如公理、正义、情感、信念这样的因素会压倒对实际得失的考量——在今天的社会，这越来越稀缺，但也还不至于绝无仅有。

最后，如果每个人、每件事、每个组织都遵循结果逻辑的话，这世界是不是太无趣了呢？

与结果逻辑相对应，马奇以堂吉诃德为例，引入了适当性逻辑。

在这种逻辑之下，行动的基础是"他的自我意识和他的身份以及与之相关的义务"。与可能得到的结果相比，"我知道我是谁"更为重要，因为"这几个字，表达了他对承诺正当性的基本观点"。这是一种"但行好事，莫问前程"的逻辑。

当然，适当性逻辑和责任、义务并不矛盾。但这种逻辑更强调承诺、信任和坚守。用马奇的话说，"一个可以被证明是正当的宗教已经不再是一种宗教"，"不能因为不被辜负才去信任"，因为"如果他们有理性的理由，那他们只不过是经济学而已。人类不是用理性来实现自己的目标，而是用自己的意志来挑战理性"。

适当性逻辑比结果逻辑更有利于树立志存高远的目标，更有利于发挥想象力和创造性，更有利于用信念和价值观凝聚团队。因而，"书写诗歌"是离不开适当性逻辑的。

我注意到，适当性逻辑被包括稻盛和夫在内的经营大师们践行着，至少看上去如此。当然也不能排除他们用适当性逻辑解释历史的可能性。毕竟周公王莽，谁又说得清楚呢？

无论如何，领导者必须用结果逻辑"维修管道"，还要学会用适当性逻辑"书写诗歌"。这两种逻辑，分别代表着现实和梦想。

领导者的行为在很多时候并不一致，其中的原因，就有可能来自这两种不同逻辑的冲突，这体现了现实和梦想的冲突。

三、领导者的行为：聪明与纯真

前面提到的两种逻辑——结果逻辑和适当性逻辑，决定了领导者两种不同的行为基础。

结果逻辑对应着理性的行为基础，而适当性逻辑则对应着基于身份的行为基础。后一种逻辑，不受现实世界中的利害得失之限。在它支配下，行为的原因仅仅是"事情就该如此"。它是天生正确的，正如克尔凯郭尔说的那样——"一个试图为自己辩护的宗教将不再是宗教"。

通过对行动理论分支的划分，马奇告诉我们，当领导者与别的领导者进行对抗时，如果他的行动基础是理性的，那么行动的结果将符合博弈的规律，但如果行动基础是基于身份的，那么行动的结果将符合生态学的规律。

"在生态学的视角下，我们可以将行动者分为两种，聪明者，完全为自己的利益而行动的机会主义者（假设其他行动者都在做同样的事），有自信，偏好复杂战略；纯真者，按照义务与亲疏性行事（经常内化成为本能美德），信任周围的人，偏好透明的策略。"

谁会在博弈中胜出？

显然，在现实世界中，纯真者是敌不过聪明者的。但当世界上充满了聪明者的时候，聪明不再能带来优势，纯真反而变成了稀缺的品质，并因其值得信赖而受到欢迎。在一个充满聪明者的世界中，成为纯真者是个更优的选择，这样，纯真又会重新抬头、成长。但当世界充满了信任以后，机会主义行为将再次获得优势。

如此循环往复，这就是聪明与纯真长期博弈的图景。

总之，聪明"常常能在短期为局部群体带来直接的利益，而纯真则为更广阔的范围带来长期的利益"，但要实现这一切，"前提是纯真者能够生存足够长的时间"。

最后的胜出者，应该是那些懂得阴阳相济，兼顾聪明与纯真的人。

但他们是好人，还是坏人？

对此，马奇写道，"我们对于一个领导者的评价和把他们仅看作普通的人的评价是不同的，一些令人钦佩的美德，可能对整个团体产生可怕的后果，而妥协和在道德基础上的一定程度的聪明，有时被证明是更有益的"。

这就是说，如果能将公共生活和私人生活截然分开，在私人领域讲究品德，在公共领域做好聪明和纯真的结合，那是理想状态。问题是，公共生活和私人生活能分开吗？如果不能，也许我们必须得忍受领导者个人品德缺陷带给我们的一切不适，甚至痛苦。

卓有成效，富于进取心和侵略性的企业，是由充满人格魅力的正人君子们统率的，还是由缺点和优点一样突出的坏蛋们统领的？这还真的是一个值得研究的问题。

但也许这并不是问题。

因为人性深处，本来就是一半火焰一半海水。正人君子们，背后不缺聪明；坏蛋们，也自有其纯真的一面。

四、领导者的环境：清晰与模糊

领导者需要达成的目标，通常是清晰的。但他们所面对的环境，却是日益模糊的。今天的商业世界中充斥着太多的复杂、动态和不确定。

对于环境中相对稳定、静态的那一部分，可以用种种理性的办法来认识和处理，但这清晰的部分，在真实世界中的比例只会越来越少。

面对模糊的部分，理性就不能解决问题了。因而我们不难观察到，领导者在决策的时候，是非理性与理性并存的。一个很有意思的事情是，求神问卜之类的事情在领导者之中，从来就不乏市场。古今中外，概莫能外。而且，领导的层级越高，就越会是这样，因为他们面对的环境会更加模糊。

让我们回到组织内部。

组织中的秩序是清晰的，但权力的边界，往往是模糊的。这就意味着，领导者行使权力的方式，将在很大程度上决定他对组织秩序的驾驭。但不管怎么研究，领导者行使权力的方式中，终归有一块不足为外人道的模糊。而且，层级越高，越是如此。

这，是不是成功领导的核心秘诀？

可惜的是，即便在讲究知识扩散、赋能和唤起的今天，我们仍然未能完全揭开领导力中的这个黑箱。它到底是什么？用孙子的话说，"此兵家之胜，不可先传也"——你去参悟吧！

不过这样也好。至少，优秀的领导者不会像火腿肠那样，从生产线上源源不断地滚出来。这使得领导力仍然是人类的一种稀缺能力，否则，这世界就太无趣了。

对领导者的评价是清晰的，但其有效性，却总是模糊的。通常，正式的组织总有办法运用自己的评价系统甄别出晋升的人选。但是，"赢得权力所需要的品质与行使权力所需要的并不完全一样"。一个人能够胜任新的职位，是因为他碰巧具备了那些"并不完全一样"的品质，但好运不会时时伴随着他，他终究会被提拔到难以胜任的位置。这就是"人往高处走，终于难胜任"的彼得原理。

想要通过改进评价系统来解决这个问题的努力是一厢情愿的——如果真的可以，这早就不是问题了。但没有哪个组织敢于放弃自己的评价系统，即使它被证明是无效的。

这，也是尴尬所在。

面对模糊，领导者有三种反应方式——理想主义、现实主义和浪漫主义。用马奇的话说，"理想主义者希望通过使组织去符合他们构建的模型来消除模糊性……现实主义者试图操纵这种模糊性来建立自己的优势。他们明白如何在困境面前迂回，从而逆风航行……浪漫主义者陶醉于模糊所散发出来的魅力。他们喜欢在过程中发现自己的行为目标，从而参与到创造历史并建构其重要性的过程中去。"

这段话优美而精辟，我怀着极大的热忱推荐这段话。

但不管怎样应对，模糊也不会变成清晰，甚至模糊会变得越来越模糊。直到笼罩在模糊之上的那层面纱被时间揭开。

也许，正是模糊，给了我们更广阔的视角和更绚丽的背景，让我们更好地赏析领导力吧！

五、领导者的情感和性：激越与压抑

在我们的文化传统中，"性"是一个讳莫如深的话题。但如果承认管理的基础是人性，就应该实事求是地承认，我们在谈论管理的时候，不应该回避"性"的话题。当然，我们讨论的范围，只限于"人"本身，不涉及钱色交易和权色交易这些非法、违规的勾当。

"性"的因素在工作场所几乎无所不在。从充斥于社会生活之中的种种性暗示，到每个人熟知的那句"男女搭配，工作不累"，再到那些或明或暗的性吸引力，都是这一点的体现。但这是人性所在，不值得大惊小怪。

毋庸置疑，领导者的地位、权力和行使权力过程中展现的一切，都会极大地增强领导者本人的性吸引力。这使领导者遇上感情和性的概率，要高于常人。还不要说，雄性荷尔蒙会增强自信心和果敢程度，使人思维更加专注而清晰、更加坚持不懈、想法更加积极——而这些，都是领导的特质。

但领导者的角色，又使他成为所在组织的公众人物，自己的私生活，往往被置于放大镜之下，自己的隐私，动不动就会被人扣上"丑闻"的帽子。不论是政纪国法，还是职场伦理，都不允许他们放纵自己的情欲。

还有一个问题：出现在领导身边的，是美好的爱慕之情，还是交易的筹码与诱惑的陷阱？这个问题大概很难讲得清楚吧！

因而，明智的领导者，会很谨慎地压制自己的情欲，和"性"保持足够的距离。至少会维系表面上的"正人君子"形象。无数在这个问题上处理不当，轻则影响了职业发展、重则锒铛入狱的领导者，更是成为反面教员，时时强化着这一点。

特别是在中国的管理情境中，更没有哪位领导者愿意背上"春宵苦短日高起，从此君王不早朝"的名声，除非他把性作为一个重要的目标来追逐。

但人非草木，孰能无情？面对情感与性，恐怕很难有人能够在漫长的岁月中保持心如止水的状态，更不要说拥有更高性吸引力的人们。也许，领导者比一般人经历了更多的情感与欲望的挣扎，经历了更多事业与情感之间的艰难抉择——这是一种难言的痛苦，还是成就感的来源？

还有，人性本来不可压抑，长期的性压抑，一定会影响心理。当这个人正好领导着一个组织的时候，他的心理状态又会不会影响决策质量，会不会影响到组织的氛围？长此以往，组织从领导者的克制与压抑中，是会受益，还是受损？

但这些，又能构成放纵的理由吗？

这些问题统统无解，但值得深思。

不管怎样，性、性别与领导力，从一个侧面折射出领导的优越与尴尬，自豪风光与矛盾冲突，也是我们"赏析领导力"的一个重要方面。

六、领导者的真相：痛苦与欢乐

成为领导的好处，实在是说不完的。

领导者会因为自己的职位得到更多的物质利益，有更多的机会置身于聚光灯下，感受到更多的光荣、自豪和荣耀，也会为自己和家人争取到更多的关注和重视。

领导者能体会到更多掌控和主宰的乐趣。他是决策的制定者、变化的发起者、进程的推动者、规则的制定者和标准的掌握者。在工作场所，他通常会拥有更多的个人自由，受到更少的管束。他们有更大的可能把未来掌握在自己的手中，而不是被动接受命运的安排。

职位带给领导者更多的社会联系和社会资源，他会掌握更多的信息，因而更有见识；会争取到更多的支持，因而更容易成功；也会更有能力为他人提供更有效的帮助，进而更好地享受给予本身带来的快乐。面对工作和生活中难免会遇到的种种困难，领导者也总会有更多的办法。

领导的职位，还会让一个人变得更好。这是因为通常情况下，领导者会有机会接触到更多优秀的人，享受到更多的特别待遇，长此以往，一定会影响到人的观念、气质甚至容貌。他会因此变得更有魅力，不管事实如此、看起来如此，还是在下属们的口中如此。

但任何一枚硬币都有两面，有的时候，领导还真不是人干的活儿。

领导受到更多的关注，但也由此不能完全拥有自己的生活。虽然在现代社会，大家越来越强调工作和家庭的平衡，但当领导的，特别是那些有所作为的领导，又有多少人能真正做到呢？个中滋味，只有自己心知肚明吧！

领导比下属的掌控力更强，但也有更多的无力、无助之感。它来自想法、使命与现实条件之间的矛盾——手头有限的资源、想法不同的上级，都会让领导们时常体味到某种割裂的感觉。

领导拥有更多的社会联系和社会资源，但这一切在带来莫大便利的同时，也会潜藏着意外、隐患乃至陷阱，他们也会由此暴露在更多的风险之中。

领导的职位会使人变得更好，但背后的路上却洒满了不能照顾家人的歉疚、不能表达情感的隐忍和不能顾及伙伴的遗憾，还有必须承担风险的痛苦、必须面对后果的恐惧和必须进行判断的惶惑。

我想，所有的一切拼接起来，才是领导的真相。

只有能够承受所有这些痛苦的人，才能很好地享受所有这些快乐。所以，真的并不是每个人都适合做领导。

但这真的没有关系。人生的历程，理应充满了不同的可能性，大可不必把自己毕生的精力耗费在对仅仅一种角色的追求之中。

马奇说："为了让世界能受益于稀缺的堂吉诃德与圣女贞德式领导，我们需要大批像桑丘与迪努瓦那样的人。"如果通向领导的道路令你望而生畏，如果领导的位置给你带来的心力交瘁多过快乐，那么，认清自己的能力，接纳自己的不足，摆正自己的位置，发挥自己的优势，做一个开开心心的桑丘，又有什么不好呢？

毕竟，道路千万条，幸福才是第一条。

（2019 年 5 月 8 日）

五

他山之石：来自文艺作品的启示

管理，归根到底就是管人。而管人，离不开对人性的把握。

管理，一定只能在具体的情境中展开。

不论人性，还是情境，里面都有太多不能说、不可说的内容。

如果承认这些，那么也只能接受一个现实，就是想要从管理学教材中学会管理，纯属痴人说梦。

和板起脸来讲道理的教材相比，文艺作品对人性和情境有着更深入、更微妙的认识，因而往往能更好地隐喻现实的管理世界。

原因无他，天然属性而已。

既然如此，为什么不可以大大方方地从文艺作品中吸收管理的养分呢？

他山之石，可以攻玉。

本部分的几篇短文就是这样产生的，它们的素材来自小说和电影，在写这些短文的时候，更深刻地体会到管理无所不在，而学习管理，完全不用拘泥于形式、教材，真正的高手，飞花摘叶都是趁手的兵器。甚而至于，真正的智者也许可以通过格竹子领悟管理，毕竟一切事物的底层逻辑都是相通的。

值得一提的是，长篇科幻小说《三体》受到实业界的热烈追捧，小说体现了深刻的管理哲理，也绝佳地隐喻了不确定环境和侧身其中的人性。

我把它作为必读书推荐给来上我战略管理课程的学生们。我曾经有一个宏大的理想，就是把自己从《三体》中得到的感悟写成一本小册子，分享给学生和同好，只是世事难料，只来得及写出寥寥数篇，就不得不为了生活颠沛流离了。本部分就选取了当年写的几篇短文，没准儿有一天真的写出一本书来也未可知。

《西游记》中的管理情境

　　经典之所以成为经典，它的魅力在于经久不衰的艺术价值，在于对人心的深刻洞悉，也在于对社会生活的精确描摹。正如一千个读者心中就有一千个哈姆雷特一样，不同的人读经典，也会读出不一样的东西。

　　在我看来，《西游记》为我们描绘了一个独特的管理情境，它并不存在于书本里面，但在现实中却触手可及。

一、管制

　　小时候读西游，有一点一直大惑不解：为什么所有的妖怪抓住唐僧以后都不是现洗现剥，吃了再说，而是要找出各种理由把唐僧关起来，并不立即吃掉呢？其中最著名的一条理由就是要把师徒四人全部抓获，再一起吃。我就不明白了，是猴子肉可以增强唐僧肉的功效，还是唐僧肉和猪肉放在一起嚼，能尝出海鲜的味道？

　　要回答这个问题，就要从取经这件工作的性质出发。西天取经这件事，如来佛祖是支持的，观世音菩萨扮演了幕后指挥的角色，而唐僧则负责率队执行。要是走到半路上，唐僧就被妖怪吃到肚子里了，那还得了吗？

　　有的朋友可能会问，西方极乐世界的神仙管天管地，还管得着妖怪什么时候吃唐僧吗？呵呵，别忘了妖怪是从哪儿来的。我们知道，取经路上被师徒打死的妖怪并不多，算来算去也就是六耳猕猴、白骨精、车迟国三大仙这么有限的几个，他们有个共同的身份：来自佛天之外。其他的妖怪呢？都与天界的神仙有关。

这些与仙界有关联的妖怪在人间作乱，众仙如果说自己不知道，这话你信吗？既然知道了，为什么不捉回来？唯一的合理解释就是，众仙认为，这班妖怪有在外面待一段时间的必要。话说到这个份上，就应该知道神佛对于妖怪有没有影响力了吧？所以尽管放心，唐僧他老人家，只会有惊无险的。

到这里，我们窥见了《西游记》管理情境的重要一角，其实就是两个字：管制。

首先，管制的力量是强大的。在西游的世界里，奉行的不是市场法则，也不是丛林法则，而是管制法则。无形的故事情节背后，有一只有形的大手在操控、在塑造。打个比方，假如西牛贺洲踢足球的功夫天下第一，而南赡部洲的水平上不了台面，但想要让后者赢个四比一什么的，也不过一句话的事。

其次，管制的力量，绝对不只存在于台面之上，庙堂和江湖之间总有着千丝万缕的联系。取经路上，会遇到形形色色的妖怪，其中一定会有不少是体制造就的，和体制保持着若有若无的联系。想要凭借一根金箍棒就把妖怪通通打死的想法，是极其幼稚的。

第三，在管制的世界中，一个人的成功，归根结底还是"选中"的结果。个人层面的优秀，只是一个必要条件。因此唐僧其实并不真的需要孙悟空、猪八戒两大高手护持，换作你我，也一样可以保护师傅西天取经的。当然，如果剧本是"野兽凶猛，两口吃掉徒弟；大师淡定，一心只顾念佛"，那就另当别论了。

二、适应

对，你没看错，我刚才说的就是"两大高手"。在唐僧的团队中，猪八戒是一个被低估的人物；而孙悟空，是一个被高估的人物。

孙悟空的本领主要有三项：金箍棒、筋斗云、七十二般变化。其中金箍棒自有其隐喻，我们不去说它。就后两样而论，其实猪八戒也是能够腾云驾雾的，也有三十六般变化。速度是慢一些，花样是少一点，不过也足以应付保护师傅西天取经那样的任务了。

唐僧只能走路，筋斗云虽快，但孙悟空就算一个筋斗翻到灵山去，不是也没用吗？整个取经路上，孙悟空就没有需要用尽七十二般变化的时候。所以猪八戒的三十六变，用来对付路上的妖怪，也够用了。孙悟空的本领再高强，在取经的路上也只是冗余和备份。

多少年来，我们一直颂扬齐天大圣降妖除魔。其实认真想一想，大圣降妖的模式其实是很简单的。打得过的，穷追猛打；打不过的，请人帮忙；实在搞不定，就祭出三字箴言：找菩萨。打着西天取经这块金字招牌，哪位神仙会不买账呢？所以孙行者降妖除魔的过程，就是一个奔波于各路大神之间，不断说明情况和求援的过程——说白了就是不停地写简报送简报，这又有多少技术含量呢？

但没办法，人家是正面人物，主角儿呀。所以一路上对八戒呼来斥去，盛气凌人。倒是猪八戒，忍受着从天蓬元帅到粉红猪小弟的巨大落差，虽然偶尔发点儿牢骚，但总的来看还是做到了忍辱负重，顾全大局，用实际行动保证了取经事业的顺利开展。并且在孙悟空受委屈回花果山之后，来到花果山，劝说孙行者重新回到取经的队伍，从而在危急关头，挽救了团队，挽救了共同的事业。

猪八戒身上体现了西游管理情境的一个基本要求，那就是：适应。在那个世界里，有的时候要凭借个人能力，有的时候需要拼拼资历，有的时候还要讲讲关系。总之，说你行你就行，不行也行；说你不行你就不行，行也不行。在那样的江湖上行走，没有别的，只是适应。适应游戏规则，适应独特氛围，适应行事方式，适应话语体系。就像猪八戒对待孙悟空一样。

到这里，问题来了，既然两个人的本事差不多，为什么地位上的区别这么大呢？

三、隐匿

论本领，悟空和八戒差不多。

论贡献，有了前面的分析，不难明白，漫说孙悟空，就是隔壁老王去找那些妖怪的主人，他们也一定会出手相助的。因为这是支持佛界的重点工程，而不是卖谁一个薄面这样的简单问题。这种工作，猪八戒当然可以愉快胜任，如果不是做得更好的话。

论组织纪律，猪八戒除了发过几句牢骚以外，没有捅过什么大娄子。而孙悟空呢，曾经惹出过一些祸事，对取经事业造成了损失，比如推倒了镇元大仙的人参果树。

论资历，一个当年是高级军头，元帅军衔，另一个只是负责管理马匹和果树事务的小头目。

还有，论出身，虽然猪八戒不像孙悟空那样已经脱离六道轮回，但既然身为天神，解脱六道轮回也只是时间问题。当然若论颜值，如果你一定认为猴子比猪俊俏得多，我也无话可讲。

既然如此，为什么一路上孙悟空是主角，猪八戒只能当配角？到论功行赏的时候，何以一个成了佛，另一个只混上个净坛使者呢？

很多年前，有一位老人事干部教导我说，一切人事问题的答案，都藏在履历表里。这个问题也不例外。

让我们翻看一下孙悟空的简历。别的都不重要，最神秘也是最关键的，就是他拜师学艺的那一段。孙悟空的师傅是谁？菩提老祖。菩提老祖是谁？读过《金刚经》的都知道，他就是里面那位"须菩提"。这可是佛陀的得意门生，大有来头的人物。神佛本有千百化身，无论他打扮成和尚道士，还是官员商人、影视明星，都改变不了这一层关系。如此算来，孙悟空其实是如来佛祖的再传弟子哦。虽然菩提老祖叮嘱孙悟空，不得泄露自己的师承，但他收了孙悟空这样一位重要的弟子，这事儿如来佛祖能不知道吗？

在佛祖的手上撒尿，这是多大的罪过啊，换别人够枪毙个来回了，可孙悟空不但没死，还被给予了在取经途中改正错误的机会。最后还能成佛，要不是这一层关系在，想都不要想。

这就是藏在履历里面的答案，这就是西游世界里面的管理情境。这个特点，还是用两个字来概括吧：隐匿。在那个世界里，一个人、一件事，所呈现给你的样子，其实只是冰山一角。事情的真相、一个人的力量，通通隐藏在你看不见的地方。因此，不论是从表象来判断事物，还是以貌取人都是会犯大错误的。我有一位做干部的同学，有一次聚会的时候，他很有感触地对我们说，凡踏进他办公室的人，无论来自多么偏僻的地方，也不管位置多么卑微，他都一定以礼相待，客客气气。因为，"天知道，这人身后站着谁"。

四、模糊

佛祖的安排，猪八戒会不知道吗？我们翻开历史看看，历朝历代，从上古到民国，哪有一个高级将领不玩政治的？如果连这点名堂都看不出来的话，怎么可能混上元帅军衔，对吧？

其实要理解佛祖的意图，也是很不容易的。我们看一件小事。

阿傩、伽叶二尊者没有拿到"人事"，便拿了白本传与唐僧师徒。在孙悟空怒气冲冲向如来投诉时，佛祖说了这么一句话："无字真经，倒也是好的。因你那东土众生，愚迷不悟，只可以此传之耳。"读了这段话，我的感想只有一个：如来佛祖太有水平了！

这话说得不对吗？太对了！直指人心，见性成佛，我们本就不必执着于写在纸上的经文。六祖慧能本来就是不识字的，如果修行离不开文字，难不成让他老人家先跟着一班小朋友去上学前班，学会了认字，然后才能开悟吗？所以这话在政治上，是绝对正确的。

这话真的无懈可击吗？好像也不是没有问题。你老人家明明知道东土民众蒙昧，领会不了无字真经的奥义，为什么当初不让两位尊者传那有字的真经呢？天下没有免费的午餐，当然也不应该有免费的经文，这本是很浅显的道理，人人都能理解。可是，收了"人事"，一不办手续，二不开发票，三不入账——这样的收费是什么性质，用膝盖想想就会明白嘛。

佛祖维护的是知识产权吗？当然是。不过，要说他老人家有一点袒护手下之嫌，好像也不是全无根据吧。佛祖肯定了下属索贿的做法吗？好像没有。可是要求他们限期整改了吗？好像也没有。他老人家对唐僧师徒说过自己有难处吗？固然没有。可是对下属的行为睁只眼闭只眼，他就没有他的考虑吗？不可能没有吧！佛祖心里怎么想的，当然只有他自己知道了。

于是孙悟空怒了，因为他不理解自己这位祖师爷，这就是他政治上不成熟的表现。但是猪八戒不会怒，因为作为曾经的天庭中人，这一套东西，他见得多了。所以当最后的分配结果出来之后，他一定知道，一切在背后皆有安排，自己最好的选择就是顺从——体制的力量强大嘛。因而，在闹了一点小情绪，表达了自己的态度之后，还是高高兴兴地到新的工作岗位报到去了。

至此，我们看见了西游管理情境的又一个侧面：模糊。

当领导说"不"的时候，意思有可能是"也许"；当领导说"也许"的时候，意思可能是"是"；而当领导真的说"是"的时候，意思有可能却是"不"。到底什么意思，领导心里不清楚吗？非常清楚。他会明明白白地说出来吗？通常不会。清清楚楚的含含糊糊，含含糊糊的清清楚楚，清清楚楚并含含糊糊，含含糊糊并清清楚楚，绕晕了吗？这就是现实。

为了在那个世界里生存下去，就必须具备一种功夫，叫作"揣摩"。我用这个词的时候，没有半点褒贬之意。只有善于揣摩，才能够更好地理解领导，更融洽地和领导相处。只有通过揣摩，才能够更好地领悟那个世界的话语体系，使得自己更加适应，进而变得更加重要。不管怎样，只有地位提升了，才能够整合更多的资源，做成更多自己想做的事情。

(2017 年 10 月 11 日)

大史执行力的几个瞬间

不论多么高瞻远瞩的战略计划，多么精明完美的战术行动，都离不开强大的执行能力。《三体》前两部里面，有一个很重要的人物——史强，给我们做出了执行力的表率。

让我们看看他留下的几个经典场景，仔细品味一下什么叫作强大的执行力吧。

场景一：古筝行动

攻击地球叛军基地——"审判日"号巨轮的行动看上去根本不可完成，原因是需要在极短的时间里彻底消灭船上的人，又不能破坏不知道藏在哪里的数据硬盘，只要船上有一个人朝着硬盘打上一梭子，里面的数据就永远地失去了。

就在所有人一筹莫展的时候，大史想出了办法：用强度极高的纳米材料"飞刃"制成只及头发丝十分之一直径的细丝，横拉在巴拿马运河两端，利用巨轮自身的速度将船身切割成薄片，从而彻底报销这条船和所有乘员。不仅如此，在讨论细节的时候，大史还要求一定要使巨轮在白天通过运河。因为"飞刃"材料有限，两根细丝之间的最小间距会有 50 厘米，而晚上，人们会躺下——真是细思恐极啊。

具备强大执行力的人，总是能够想方设法，巧妙而圆满地完成任务，不管这任务看上去多不可能，也不管面临多少困难。为了执行上级意图，大史想出了出奇制胜的办法，更重要的是，他考虑到了细节，这个行动才得以圆满成功。诛杀唯恐不尽，那一刻的大史看上去像个魔鬼，但这并不重要。任务需要他是什么，他就是什么，天使也好魔鬼也罢，让别人说去吧。

头脑是灵活的，心思是缜密的，血液是冷静的，这样的人，才具备强大的执行潜力。

场景二：速递罗辑

在《三体 2·黑暗森林》里，大史受命护送一位被寄予厚望的人物，也就是花心教授罗辑博士，从中国到联合国总部参加会议，接受拯救人类的任务。那时，人类的一举一动都在智子的眼皮底下无密可保，他的护送对象，罗辑，是三体世界害怕的唯一一个地球人。

这次行动犹如在众目睽睽之下，在四面八方的觊觎之中，快递一件无价之宝，还只准成功。漫说失败，有点闪失都不行。试想，万一出点意外，虽然教授身上零件完整无缺，但从骨骼清奇天赋才情的花心博士，变成了像薛蟠、晋惠帝一样的二傻子，还怎么拯救人类呢？

回到主题，大史终于完成了任务。一路上，他坚持减少交接，因为交接环节容易受到攻击；坚持与联合国官员明确划分责任，因为责任的结合点容易产生混乱；坚持己见，让罗辑穿上防弹衣，不管别人如何嘲笑，后来这救了罗辑的命，也间接地拯救了人类。

大史所坚持的这几点做法给人留下深刻印象。很显然，这体现了大史这样一位资深安保的业务素养。业务素养的背后至少有三个东西：一是经验，这自不待言；二是总结，这决定了经验发挥作用的效能，经常对经验进行归纳总结，才能在执行的时候既坚持正确方向，又拿出独到而有效的解决思路；三是坚定，只要相信自己的判断是正确的，就要坚持到底，譬如大史坚持让罗辑穿防弹衣。

执行能力的基础是业务能力，在执行工作中，离开业务能力奢谈态度境界之类，就像晚清的一些官员，清谈头头是道，遇事手足无措，临战一死殉国，最终于事无补。

业务精熟于胸，形成正确认识，坚持正确判断，这样的人，才有可能担当重任。

场景三：说服肯特

面壁者罗辑运用赋予他的庞大资源，为自己的享乐生活服务。他甚至让大史为自己寻访臆想中的梦中情人。罗辑的联络官肯特十分不满，认为罗辑没有半点拯救人类的样子。这时大史告诉他，咱们都是执行者，咱们的任务，就是把罗辑的想法及时地原原本本地报告上级。至于如何评价，那是上级的事情。不管这想法听起来多么奇怪，咱们都应该这么干。事实上他也是这么做的，他做的事情，对整个情节的发展，起到了微妙的作用。

不要小瞧大史这番话，短短几句，道出了对一切执行者而言不可缺少的正确认识。

正如大史所说：我们就是执行层，执行层就要做好执行的事。可经常看到的情形，却是决策前不发言，决策后发议论，执行时起疑心，实施中瞎嘀咕。殊不知，上下级之间，层面、角度、思维方式都不同，用下级的眼光打量上级，这样怎会有好的执行效果呢？每一个执行者，都要效法大史，认清自己的职责所在，上级的归上级，自己的归自己，埋头执行，恪尽职守。

摆正自己位置，心里杜绝抱怨，口中不发杂音，这样的人，才算具备了必需的执行素质。

场景四：灵光闪现

大史把自己和上级的位置摆得很清楚，但这绝对不意味着他没有自己的想法。前面提到，当肯特认为罗辑"没有一点面壁者的样子"时，是大史告诉肯特，肩负天大责任，还能好整以暇，这才是做大事的样子，他的见解比肯特不知高明了多少。

当科学家汪淼被闪烁的宇宙吓得不知所措时，是大史对他讲"邪乎到头必有鬼"的道理，为科学家的内心注入了力量。

当三体人轻蔑地认为地球人是虫子，是大史带着科学家们去蝗灾现场，看着人类从没有消灭过的虫子，问了一句："是地球和三体之间的差距大，还是蝗虫和人类之间的差距大？"于是，科学家们又充满了勇气，忘我工作去了。

执行力强大的人，绝不是只会"一二一二"的提线木偶。恰恰相反，有思考的人，才能更好地执行。之所以如此，是因为他们知道为什么执行，是因为他们明白什么时候需要服从安排，什么时候需要自己的理解，也是因为他们更有办法面对执行中的变数。

勤于独立思考，具备独到见解，还能用于执行，这样的人，具有更加高阶的执行特质。

诚然，大史有自己的缺点，他不善于和人交流，他行事乖张出格，他也很桀骜不驯，但这些，都是有棱有角之人的常态。没有缺点，就没有长处。

如果你的部下中有大史这样的角色，请一定把他放到摸爬滚打的第一线，请一定容忍他的不肯臣服，请一定给他足够的权限，这样的人，会用业绩回报你的。

　　如果你想变成一个执行力强大的人，啥也别说了，学学大史吧。

（2016 年 12 月 28 日）

品鉴韦德的领导力

韦德是《三体》第三部《死神永生》里面的重要人物，这个人做了两件事情。其一，实施"阶梯计划"，把战略间谍云天明的大脑送给三体人，在三体世界打进一个楔子。其二，开启了空间曲率驱动的研究，人类正是从这里开始，最终造出了光速飞船。正是他做的这两件事，才在黑暗森林打击的威胁下拯救了人类。

按照我们传统的界定，韦德不管从哪个角度看都没法算好人。但是，正如司马迁他老人家说过的一样，大行不顾细谨，大礼不辞小让。我们不可以用道德楷模的标准去要求一个承担重大责任的领导者。应该看到的，是他身上那令人生畏的领导特质。

场景一：Send cerebra only

韦德力推"阶梯计划"，目的是把一个地球人送到正在浩浩荡荡杀来的三体舰队里去充当间谍。但限于技术条件，有效载荷只有半公斤。怎么办？韦德告诉他的下属，Send cerebra only（只送大脑）。原因也很简单，送一个大活人肯定不现实，但三体世界既然能够造出智子，证明技术水平远远超出地球人的想象，那么他们收到这个大脑，自有办法养活它，然后进行交流，而这，就为未来保留了可能性。后来三体人真的截获到那个大脑，真的克隆出了一个健康的身体，才有了后面那些跌宕起伏的剧情。

　　世界变得越来越复杂，对身处其中的组织而言，复杂性来自技术进步，来自外部环境，来自任务使命，也来自组织自身。应对这些复杂性，乃是领导者的天职。如果不复杂，就不需要强有力的领导者了。领导者要做的事情，一言以蔽之，化繁为简，主要包括定义问题、整合资源、营造环境、督促实施。

　　这当中，最重要的是定义问题，这也是化繁为简的关键。问题弄不明白，其他的统统白搭。定义问题的背后是读懂需求。要读懂需求，就需要水平了。不是有这么一句话：当消费者买钻头的时候，他真正需要的，可能是墙上的一个孔。在这个故事当中，送一个人去，是买钻头，真正需要的，是打入三体世界，站稳脚跟，徐图后计——这才是墙上的孔。韦德看出了这一点，别人没看出。

　　领导需要洞见，这洞见会引领目光去穿越迷雾，透过纷繁的现象牢牢抓住事物的本质。这是卓越领导和平庸领导的区别所在，也是一个领导，能否让下属折服的关键所在。

场景二："探讨可行性研究的可行性"

　　在研究"阶梯计划"的第一次会议上，当与会者开始提到技术问题的时候，韦德说了一句很精彩的话："现在不要纠缠在细节上。我们不是在搞可行性研究，而是在探讨对它进行可行性研究的可行性，看看大的方面还有什么障碍。"接下来，韦德向大家征询有没有替代方案，发现没有之后，立即拍板对这个计划展开可行性研究。

　　作为领导者的韦德，十分明白对问题的探讨，在什么时间，应该处于何种阶段、何种层次。首先应该清楚大的思路是否存在问题，是否存在竞争方案，接下来，才可以提到技术层面的问题。技术问题交给技术专家，方向问题才是领导者要关注的事情。

我想起一段故事。珍珠港事件之后，尼米兹将军受命指挥太平洋舰队。部下们发现自己的司令官并没有像他们想的那样忘我工作，而是经常一小时一小时地看着窗外发呆。终于，将军拿出了自己的判断——太平洋战场，必将是航母编队和舰载机群的天下。事实证明，他的判断是正确的，这个判断指引了国内的资源配置，决定了战争的打法。身为司令官，必须要做的，是判断战争的走向，其他事情不必纠缠，这就是领导该干的事情。

前面提到洞见，洞见的前提是清楚。什么是清楚？套用德鲁克他老人家的名言，每个领导者必须清楚自己正在做什么，应该做什么，未来应该做什么。清楚的另一个表现，是层次和分寸，领导者，必须在高瞻远瞩和深入细致之间达成很好的平衡。在实际工作中，动辄陷入细节中的领导不知道有多少，这也是杰出领导和平庸领导之间的区别所在。

场景三："前进，不择手段地前进！"

每当遇到问题时，韦德总会给自己的部下打气，他挂在嘴上的话，是"之所以不能前进，是因为你们没有学会不择手段"。所以，不能退却，而要"前进，不择手段地前进！"。

我们常说要有"狼性"，所谓狼性，就是在前有堵截后有追兵的情况下，众志成城，用尖牙利爪为自己杀出一条血路。领导者，就是狼群中的头狼。除了洞见本质、思路清楚以外，领导者还需要强有力的行动，行动力是领导力的一部分。领导者的行动，不同于小兵的行动。首先要用自己的坚定为手下们树立牢固的信念，接下来必须解决计划实施中那些只有自己才能解决的问题，最后，还必须做出表率，一边呐喊着"弟兄们跟我来"，一边带领大家冲锋陷阵。

每个人，每个组织，都会遇到困境。在"云横秦岭家何在，雪拥蓝关马不前"的绝境中，杰出的领导必须能够站出来，带着自己的队伍，逢山开路，遇水架桥。当然，所谓"不择手段"，只是在特定场合下的小说家言，相信大家自能鉴别。

场景四：临刑之前

韦德最终被控以莫须有的"反人类罪"，处以死刑。在被处死以前，圣母程心来看他，并且带去一盒雪茄。圣母让他留下些话，韦德只说了一句："无数死了的人中的一个而已。"圣母递给他雪茄，他拿了三支，把其余的还给她，"多的用不着了"……

书中这一段略显凄凉。但要知道，失败，是每个人都会经历的事情，领导者自然也不例外。勇于直面，积蓄力量东山再起当然是对的，但真的丧失一切希望的时候，抱着胜利者的大腿哀求饶命，或者在同情者面前喋喋不休都是没有意义的。一个领袖，就应该像韦德那样，不卑不亢，有死而已。

和上一篇里面那个大史一样，韦德也不是一个完美的人，甚至说不上是个好人。但他是一个带领队伍前行的人，是一个承担使命的人。这样的人，是不能用简单的好坏标准来衡量的。马之千里者，一食或尽粟一石，这才是领军人物的常态。要道德高尚的好人，还是要攻城略地的将帅？在今天，特别是在某些单位，还真是一个值得思量的问题呢。

（2017 年 1 月 16 日）

品读章北海：兼谈领导者的特质

章北海是我在《三体》当中最喜欢的一个人物。他既是一个领导者，又具有强大的执行能力。和我们前面分析过的史强相比，他显然承担着更多的领导使命。和韦德这样的领导相比，章北海为了完成自己的使命，必须单枪匹马和更加复杂险恶的环境打交道。章北海最终实现了自己的目标，虽然死于黑暗战役，但地球文明因为他的果决行动而得到延续，算得上以失败的名义拥有成功了。

章北海为什么成功？凡是读过这本书的人一定会对他身上某些特殊的气质印象深刻。而这，就是我们理解这个人物的楔子。

管理上有一种理论叫作"领导者的特质"。这种理论告诉我们，一个成功的领导者身上一定具有一些区别于他人的特殊禀赋，它超脱于知识水平和业务能力之上，决定着一个领导能否对下属发挥感召能力。当然，学者们从西方领导者身上总结出的特质和中国情境下实际工作所需要的特质是有距离的。接下来，我们就以章北海为例，一边品味这个人物，一边看看他身上的领导者特质吧。

一、独立精神

判断能力对一个领导者来说具有至关重要的作用。判断的过程，必须深思熟虑；一旦做出判断，就要相信自己的判断。要坚持自己的判断，就必须敢于面对任何可能的结果。因此，一个卓越的领导者，必须是一个具有独立精神的人。所谓独立精神，就是我们经常说的"不唯上，不唯书，只唯实"。独立进行思考，独立做出判断，独立付诸实施。

正如章北海所说，他是自己信念的主人。在属于他的时代，他已经从当时精英们的研究中，建立了在基础科学发展被智子锁死的条件下，人类在未来的太空战争中必败这样一个判断。他认清了在被锁死的状态下，一切技术进步都不过是低技术文明的回光返照。在强大的外星入侵者面前，充其量也只能相当于北宋的床弩和成吉思汗的骑兵，不会发挥任何作用。因此，唯一可行的办法就是避免轻率的决战，向茫茫宇宙中逃亡，保留人类文明的种子，徐图后计。

坚定不移让判断变成信念。在这个信念的指引下，章北海制订了自己的行动计划，并且有条不紊地加以实施。机会终于在两个世纪之后出现了，他带领着亚洲舰队最大的战舰"自然选择"号逃离了太阳系，并且和追逐他们的战舰一起摆脱了三体舰队的杀戮。至此，他的计划已然成功，可以说，他的历史使命已经完成，他的历史价值已然得以实现。

小说中虚构的人物告诉现实中的领导者，也许你的地位还不够高，也许你掌握的资源还很有限，但是这绝不意味着你的认识一定是错误的，你的判断一定是短视的。恰恰相反，一个具有卓越领导特质的人，即便处在不那么高的位置，也有可能比他的上司看得更加清晰透彻。这个时候，最重要的就是相信自己的独立判断，然后展开有效的行动。

独立精神意味着独立思考的能力，意味着独立做出判断并且坚持下去的勇气，意味着独立承担责任的担当，意味着独立付诸实施的执行力，还意味着无所依赖的良好心理状态。从这个意义上讲，甭管书本上怎么说，我认为独立精神是卓越领导特质当中最重要的一点。有了它，才谈得上其余。

二、行动能力

若不能把想法变成现实，再强的独立精神也只是徒有其表，这也是真正的领军人物和参谋型人物的区别。

认清人类在未来的太空战役中必然会遭受的命运之后，章北海就开始采取行动。从那一天起，他就注定要孤军奋战，承受误解而没有任何解释的余地。

在孤独的环境当中该怎么办呢？首先必须赢得信任。身为太空军政治部政委，章北海给人留下最深刻的印象就是异乎寻常的自信和无可救药的乐观。

在思想上，他坚定地向前看。在现实世界中找不到乐观的理由，他就让人们寄希望于未来的发展。与三体人在技术上的差距不可弥补，他就强调人的精神和主观能动性。总之，不管怎么样，相信最后胜利属于人类就对了。

在行动上，他十分高调地加入了高技术研究所，成为唯一的成员——这个所研究的是恒星际航行的问题，而当时人类连行星际旅行都还没有实现。如果这还只是表态，还算虚的，他打着反对失败主义的旗号，拿自己的老战友吴越开刀，不惜违反组织原则，将后者赶出太空军，这可是如假包换的实际行动了。

鸷鸟将击必先藏其形。章北海的行为，不管在思想上还是在行动上都完美地掩盖了自己的真实意图，体现了很高的策略水准。

这些策略让他在太空军当中很快成为独一无二的人。他的战斗意志自然会被上级领导所赏识，也会为自己赢得更大的话语权。

有了一定的地位之后怎么办呢？当然就是展开下一步的策略行动。章北海显然一定要保证自己可以参加四百年后的末日战役，所以他提出了那个天才的增援未来计划。让当时的政工干部们进入冬眠，直接参与到末日战役当中去。当然他自己肯定是说一不二的人选。这样，在不动声色中，为自己铺就了通往未来的道路。

越是宏大的计划，执行起来就越不可能一帆风顺，遇到阻碍的时候怎么办呢？如果实在无路可走的话，就需要领导带头上阵，孤注一掷，投入决战——说得难听一点，就叫赌博。我想起小说《斯巴达克思》里面的克利克萨斯，在最后的关头，他用坚定的声音，对身边的人说："弟兄们，现在轮到我们牺牲了！"然后拔出短剑，义无反顾地向占优势的罗马人扑去。这就是领导者需要展现的决心和气概。

为了实现星际逃亡的计划，最起码的物质条件就是要拥有恒星级的飞船。可是航天系统的权威专家不倾向于进行这方面技术的开发。怎么办？想不出来别的办法，章北海毅然上阵，利用他们会议结束后合影的机会，远距离狙杀了三名航天领域的资深专家，为自己的计划扫除了障碍。

这件事情是不能用通常所谓好与坏的是非标准去加以衡量的。它在客观上打通了人类恒星际飞行的道路。当然也给章北海的内心带来了沉重的负罪感。我一直相信在他生命最后的时刻，他反而感到安宁，原因就在这里。

不利的环境下，隐藏好自己的真实意图，耐心周旋，一点一滴积累，让力量对比发生有利于自己的变化。同时，采取适当而巧妙的行动，帮助达成目标。在没有其他的路可走的时候，勇于承担，敢于以身犯险。这是卓越的领导者该有的行动能力。

三、分寸意识

太空中的黑暗对峙为章北海提供了最后的舞台。

逃离地球的五艘战舰组成了名为"星舰地球"的联盟。但是他们所掌握的资源只能支撑一艘战舰飞到目的地——大部分人死或者全死，这个生存死局，就是面临的选择。

要杀死和自己一同航行的伙伴和战友，这个决心当然很难下。当"自然选择"号舰长和他的助手们经过一番挣扎决定用次声波氢弹瞄准另外四艘战舰的时候，却发现章北海已经在帮他们做发射前的准备了。但是没有等到"自然选择"号解除次声波氢弹上的保险，另一艘战舰，"终极规律"号上发射的氢弹已经杀到，"自然选择"号成员全体死难。

相信很多"三体"迷都有这样的疑问。在令人窒息的黑暗对峙中，最先行动的为什么不是章北海？为什么他终于迟了那么几秒钟？

他不知道，最后只能有一艘战舰活下来吗？还是像小说里面说的，他心里面最后的柔软杀死了他和"自然选择"号的全体成员？

为了这一天，他准备了几个世纪，他也曾两次改变历史。所以上面问的问题，会是问题吗？

在章北海面前，"自然选择"号上的人，上至舰长下至小兵，通通都是孩子。而且这帮孩子踏上这个前途茫茫、后无退路的可怕旅途，是被章北海胁迫的，所以他们没有任何思想准备，是一支极不成熟的队伍。面对无法想象的凶险环境，只有一支铁军，才有可能完成未来的航行。

黑暗对峙就是第一个考验。必须通过这个考验，才能完成从地球人类向银河系人类的痛苦蜕变。如果章北海抢先发射了次声波氢弹，"自然选择"号是得以保全了，但是这帮孩子没有成长，不能切断和地球家园的精神纽带，没有足够强大的精神力量去应对可怕旅途中的一切，这趟旅途，难逃中道夭折的命运。

章北海之所以引而不发，就是要等到这些孩子自己成长起来，自己能够担当。至于到最后率先采取行动的是谁，对于章北海来说，真的无所谓了。这是一种境界，叫作功成不必在我。

也可以把"自然选择"号的遭遇看成是自然选择。如果章北海出手干预，就破坏了大自然的规则，笑到最后的就不一定是最强者，不一定是最适合维系人类文明的团队。

所以就可以理解，到最后，他何以对东方舰长笑一笑说：没关系的，都一样。真的一样，在那个环境里面生和死有多大的区别呢？那艘侥幸生存下来的战舰必须一头扑向茫茫的宇宙深处，不知道有多少可怕的事情在等着他们。真的是生亦何欢，死亦何苦。

在这性命攸关的问题上，章北海没有越俎代庖，而是超越个人生死，恪守自己行为的边界，放手让孩子们成长，体现了大胸怀、大格局、大眼光，的确是一位深具分寸意识的卓越领导。

所谓分寸意识，就是领导者对自己言行度的把握。该做什么不该做什么，每一个当领导的应该都很清楚。但要做到什么程度，才能不多不少，不卑不亢，恰如其分，妙到巅毫，这就不是每个领导都能做到的了。正如任正非所说：什么是领袖？领袖就是灰度掌握得好。

关于培养下属的这个问题，只是分寸意识的一个例子而已。一个卓越的领导，必须经常判断如何在进与退、荣与辱、赏与罚、亲与疏等问题上把握尺度。对于一个领导人而言，把握这种微妙的平衡，集中体现着他的水平，这种能力，既是与生俱来，又离不开长期历练。

四、父兄情愫

章北海和"自然选择"号舰长，美丽的东方延绪之间若有若无的情愫纠葛是《三体》这部冷冰冰的硬科幻小说当中，不可多得的暖色之一。

有的朋友也许会问，这也是领导者的特质吗？当然是。善用利益手段调度下属，只能算入门级的领导者。要知道，对于维护长期关系而言，利益手段是非常脆弱的。因此，人格魅力就显得格外重要。一个没有情感的人，无以号召下属，也注定成不了卓越的领导者，无情未必真豪杰嘛！但也不能为情感所左右，让情感而不是理智左右头脑，影响判断，这中间也有分寸意识呢。

章北海在和东方舰长的互动中，体现出了什么样的情感呢？领导者的情感，又应该是什么样的呢？

首先，心怀大爱。

我们看章北海，他和美丽的东方舰长之间这种若有若无的情感，永远从属于延续人类文明的目标。上德无德，大爱不爱，这就是我们常说的领导者的情怀。这种情感不是儿女之间的卿卿我我，更加内敛更加深沉因而也更加动人。所以，章北海虽然对东方舰长说过"如果有一天不得不杀了你，请原谅"这样的狠话，但这丝毫不妨碍东方对他的仰慕崇敬。

其次，在工作中体现。

领导者不能没有情感，也不能够滥用情感，而是要在工作当中体现情感。只能在工作中接触，在工作中了解，在工作中关心。换句话讲，对于一个真正卓越的领导者来说，他的情感和他的事业之间，是一而二、二而一的关系。章北海和东方舰长之间的接触全部发生在工作场所，章北海一次也没有主动和东方谈过工作以外的话题——对于一个领导者来说这很重要也很难做到。但他无情吗？显然不是，这就说到如何表达的问题了。

领导者的情感应该像一壶好茶一样，一点一滴地体现出来，历久而愈发醇厚。

我们看章北海和东方的每次交流，貌似态度没有发生什么变化，但越来越多的东西逐渐展现出来。从最初坚定的原则性，到耐心的思想工作，到流露出对家庭的抱憾，到"我们属于海洋和陆地，而你们属于星空"的感慨，到完成历史使命之后的解脱与轻松，最后，毁灭前四秒钟的相对一笑，让他们之间的情感达到一个新的高度，也定格在那里。谁说那一刻不是永恒呢？

他的情感流露就像一幅画卷，慢慢地展开，他的形象在其中也一点一点充实丰满起来。这样的领导，怎会没有魅力，怎会不受人拥戴呢？

　　总之，情感是领导者个人魅力的重要组成部分。每一个领导者都必须很好地管理自己的情感。这与个人情商有关，又远远超出传统意义上的情商范畴，关系到洞察、信念、自制力，个中甘苦，实非局外之人可以知悉。

　　在结束这篇文章之前，忍不住多说一句。美丽的东方舰长曾意味深长地问章北海："我的眼睛好看吗？"注意章北海的回应："像我女儿的眼睛。"——这句话信息量超大。小伙子们，参透了这句话，你们吸引女孩子的能力会发生质的提升哦。

　　相信我，没错的。

（2017 年 6 月 21 日）

颠覆，颠覆，再颠覆——"技术爆炸"的启示

在《三体 2·黑暗森林》中，"技术爆炸"与"猜疑链"一道，被作为黑暗森林宇宙模型的前提假设。所谓"技术爆炸"，指的是一个文明内部的技术进步呈现超常规发展的态势。其实正如小说里面所说的那样，支撑现代文明社会的技术基础，几乎都是最近三四百年奠定的，而且，技术进步的速度，正变得越来越快。我们，正处在一场不折不扣的技术爆炸之中。技术爆炸还只是一个起点，这个起点终将把我们带向一个颠覆式创新的世界，我们的周遭，无不处在颠覆之中。

作为管理者，必须对这种颠覆有所洞察，才能站在颠覆的浪尖随风舞蹈，而不是成为被温水煮熟的青蛙，被颠覆的世界无情淘汰。为了不被颠覆，唯有从自身开始颠覆。颠覆自身，首先是一场灵魂深处的革命。

有两句老话你同意吗？一句叫作"一招鲜，吃遍天"，另一句叫作"一步领先，步步领先"。如果你的回答是"YES"，对不起，你的观念需要颠覆。

今天，从技术到商业模式，不管你的绝招如何鲜，也不管你先迈出的那一步领先了多少，对手一定会学习的，一定会模仿的。世界之大，一定有比你做得更好的。今天，任何一项优势，都是靠不住的，在对手学会之前，它是优势，学会以后，它只能是均势，甚至会变成劣势。今天，任何一项竞争优势，都是有保质期的，都有它创立、维系、消散的过程，而且，

这个过程正在变得越来越快。

我们看看最近发生在身边的事情，在共享单车这个领域，摩拜绝对是先行者之一，可是短短几个月之后，市场上便出现了 20 家以上的共享单车公司，就用户体验而言，它们的车辆和摩拜一样方便，押金比摩拜低廉，车费比摩拜便宜，下载起来比摩拜便捷，下载后，额外提供一项"只在使用时打开定位服务"的选项，因而隐私保护比摩拜做得更好。在这些狼群的撕咬下，摩拜先行的优势，是不是就有些不大靠得住了？

怎么办呢？办法只有一个，在原来的优势到期以前，主动培育新的优势来替代它。当现有的优势正在发挥作用的时候，第二项优势正在培育，第三项优势正在可研，第四项优势正在创意，第五项优势正在酝酿……一旦成熟一个，就主动放弃现有的优势，用新的优势来取代。比如著名的吉列公司，从 20 多年前的 Sensor 开始，一直屹立在剃须用品行业创新的前沿，从 Sensor 到锋速，到锋隐，不断更新自己货架上的产品。这时候，竞争对手就会遇到麻烦了，要不要跟进呢？如果不跟进，永远只能卖过时的产品，如果跟进，拼研发不是吉列的对手。这就是吉列主动打破自己既有优势的策略，这种策略为吉列公司带来了行业里持续的竞争优势。

在对待自己竞争优势的问题上，一定要"吃着碗里的，想着锅里的"——这是一句玩笑话，不过在战略领域，它有个响亮的名字，叫作"创造性破坏"。切记，当面对竞争者的模仿时，不要去试图守住什么，而要用创造性破坏去主动颠覆自己过去的优势，这样，才有可能立于不败。

再问一个问题吧，是不是颠覆性的技术创新一定会迎合主流市场的需求？如果你的回答是"YES"，对不起，你的视野需要颠覆。

在我的经验中，企业对那些带有突破性的，或者是明显提升产品性能的，或者是被现有的客户所看重的技术创新是十分敏感的。相对的，那些看上去并不起眼的创新，技术上并非高不可攀，似乎只迎合了低端客户的胃口，似乎市场前景也不广阔，这样的创新通常不会受到企业的重视——

可这只是"似乎"而已。有研究证明，前一类"高大上"的创新，如果有一个好的管理，通常不会给企业带来很大的麻烦，而后一类创新当中，却往往酝酿着颠覆的机会，特别是那些顺风顺水的企业，更容易在这上面栽跟头。管理者对此，不可不察。

为什么会这样呢？我们知道，企业的研发活动，一般是受到市场需求驱动，受到内部资源的支持。因此，如果主流市场没有需求，也不具有很好预期效益的项目，是不能得到充足的资源支持的，因而很难成气候。但是，一旦客户行业发生变化，原来那些不起眼的东西有可能一跃而成为主流客户的需求，这时，客户对原来的供应商翻起脸来，比翻书还快，而在应付这些变化方面有技术储备的企业，一夜之间就会成为客户的新宠。

说个故事吧，我们都知道，计算机硬盘的尺寸做得越来越小。其实，每当更微型的硬盘推出的时候，就性能指标而言，是不及那些大块头的，因此，主流的计算机厂商不会把这些硬盘放在眼里，更别说为了硬盘的尺寸去改动计算机产品的设计了。可是，计算机行业是在变化的，它经历了从大型机到小型机，再到微型机，继而到 PC 机，然后到笔记本电脑的演进过程。每当计算机行业发生一次变化，就会带来对更小的硬盘的需求。这时，原来那些大硬盘的制造商往往因为不能适应变化而陷入困境。它们造不出小的硬盘吗？未必吧。假设时光倒流，它们会做出不一样的选择吗？认真想想，答案其实也在未定之天。这些企业之所以败，就败在前面说的那些"不起眼"的创新上——这类创新，也有个响亮的名字，叫作"破坏性技术变革"。

如果你正在主流市场混得风生水起，一定留意这种破坏性技术变革，它会把产品变得更简单，它会推动不同的产品组合，而且因为它远离主战场，技术上的难度不高，容易离开我们的视野。一旦捕捉到它，不要试图纳入已有的业务体系，而要把它作为内部孵化项目，在发生变化时，拿来颠覆自己原有的产品。

最后再问一个小问题，面对眼花缭乱的创新，你是不是会觉得难以判断它和自己业务的关系？如果你的回答是"YES"，对不起，你的方法论需要颠覆。

有一类创新，企业必须打起十二分精神。就是那些可以改变用户体验方式的创新。我们不妨把用户想象成一个具体的人，这个人通过什么途径产生感知和体验？借用佛家的话，无非是眼、耳、鼻、舌、身、意，合称"六根"。如果一种创新，能够改变六根中带来客户体验的那一个，那么，毫无疑问，随之而来的，必然是商业模式的重塑和商业版图的改写。比如VR延伸了眼的作用方式，体感设备延伸了身的作用方式，AI延伸了意的作用方式，它们都会给有关的行业带来颠覆式的冲击。因此，当创新出现，我们暂时无从判断它的影响时，可以考虑它对客户感官的延伸，进而采取措施去顺应变化。

我们身处颠覆式创新的时代，为了使自己的企业得以生存发展，就必须走上创新的道路。创新不仅仅是进步，更多意味着颠覆，只有通过创新，才能实现体系的跃迁，从而"从一片黑暗森林奔向另一片黑暗森林"。为了生存，为了成为颠覆的主人而不是颠覆的对象，我们只能颠覆自己，因为我们别无选择。

（2017 年 3 月 15 日）

进化，终将继续——《流浪地球》观后

电影《流浪地球》讲了一个关于灾难与毁灭，关于拯救与重生，关于成长与回家的故事。

但在我眼中，它更是一个进化的故事。

当突如其来的氦闪大大加快了太阳走向毁灭的脚步时，不甘坐以待毙的人类启动了"流浪地球"计划。地球这个生命家园被人们改造成了茫茫太空中的远行者。

天地巨系统的突变造就了地球的进化。

一部分人死，还是所有人死？天地巨变面前，人类只能用抽签的方式决定谁获得生存的机会，谁留下来迎接死亡。

当眼睁睁看着无数抽签失败，没有资格躲入地下城的人们在淹没高塔的海水中挣扎时，不知道幸存者们会有何感想。但借用《三体》里的话说，他们借此完成了从太阳系人类向银河系人类的进化。

还好，相对于生存死局，流浪地球更像诺亚方舟，人性仍在进化中显现。

当刘培强中校在儿子的目光中驾驶空间站扑向等离子火柱时，他从一位人世间的英雄进化成了夜空中最亮的星星，儿子也在痛苦、混乱、责任和不屈中完成了从男孩到男人的进化。

其实，这部电影本身，何尝不是进化的开端呢？在一片空白之上，中国人突然就有了第一部自己的科幻大片。它会不会开启中国科幻电影的寒武纪生命爆发呢？中国的科幻电影，会沿着什么路线进化呢？最终会进化成什么样子呢？这些问题都激动人心，但又都不重要，因为进化已经开启，进化自会推动进化。

推而广之，今天的各行各业，不也都在进化吗？只要得到充足的空气、水分、阳光和养料，它们就会进化出一个崭新的世界。永远别想控制进化的方向，也永远别去预测进化的结果，只需相信，那个世界将更好，这就够了。

即使得不到那些条件也没关系，进化不会停止的。既然在大洋深处的死寂和火山岩浆的炽热中，生命都可以找到自己的形态，进化也一定会为自己开辟道路。

进化先于宇宙而生，也绝不会随着宇宙的消亡而灭。

它是造物借以支配自然的神秘力量，它是茫茫宇宙中最精密而冷酷的法则，它高于生命。

但是——

就算不能完成点燃木星的壮举，所有人和自己的母星家园一起被木星引力撕成碎片，他们的努力也不是没有意义的。

因为进化，仍在继续。所有的努力，都是进化的一部分。

正如法国作家塞南库尔所说："人是容易毁灭的，也许是的，那么让我们挣扎着毁灭吧。如果等待我们的是虚无，那么让我们用一种不认命的方式走向虚无吧。"

还没有飞出太阳系就遭受了如此重创的流浪地球，断无可能走完长达四光年的漫漫征程。这不是地球文明所能够完成的任务。那上面所有的生命，终将在或短暂或漫长，或残忍或瑰丽的毁灭中，化为基本粒子，回归宇宙。

但这没有关系。

因为进化，仍在继续。生命终将用自己的进化，献祭于更加宏大的进化。

而我们，就像刘慈欣在原著中所说，"我们必须抱有希望，并不是因为希望真的存在，而是因为我们要做高贵的人"。

这就是进化之于我们，也是我们之于进化。

进化的力量，不朽。

谨以此文，致敬进化，致敬我们的进化，致敬那些让我们进化的人和事！

（2019 年 2 月 7 日）

致　谢

智慧不假外求，它只存在于我们的心中，所有的修炼，不过是帮助教育对象打开智慧之门罢了。是以，我相信"管理教育就是唤醒"，也才有了写出这本书的动力。

这是一本非典型的小册子，它讲的不是系统的管理知识，而是试图通过不同的途径，表达自己浸淫其中多年的一点领悟，目的是尽可能为读者带去一点启发。

我不能保证书中的观点一定正确，但我一直信受奉行。

我热爱管理，但我深知，仅凭热爱是不够的，要获得一点领悟，并把这些领悟表达出来给大家分享，离不开许多人的提点、启迪和协助。在这里，请允许我发自内心地道一声感谢！

感谢成都理工大学党委常委、宣传部李璞部长，成都理工大学管理科学学院淳伟德院长、张惠琴副院长。从来到这所学校那天起，我就在你们的领导下工作，你们用深邃的思想和砥砺前行的实绩，让我看到什么叫作知行合一，什么叫作关注当下——智慧也好，修为也罢，无逾如此。

感谢成都理工大学管理科学学院工商管理系主任陈旭东教授、支部书记刘登娟副教授对本书出版的大力支持。

感谢我的老师武振业教授，正是从您的风范中，我才对管理智慧有了最初的领略。

感谢我的师兄弟姐妹们，特别是康杰教授、郭红玲教授、蹇明教授、官振中教授和黄定轩教授，能够有缘与你们进行思想交流，这真是天赐幸事。

感谢朋友们的支持，不论成败利钝，顺遂与否，你们总是不离不弃，一如既往地给我以支持。感谢成都太极商务宾馆袁春总经理、四川省天路印象旅游有限公司张广胜总经理、四川省经济文化协会周国利秘书长、兰艺术CEO罗文涛、中智云南公司刘菁总经理、国家能源集团新疆能源公司工程项目管理中心张维常副主任、国电新疆能源销售有限公司李新莉副总经理，你们的支持和分享给了我思考的深度和实践的勇气。

本书的问世，也离不开研究生们完成的统稿、校对、编辑和润色。其中，张文学同学负责第一、二两章，周家风同学负责第三、四两章，吴欣同学负责第五章，你们都出色地完成了任务，感谢你们在这个炎炎夏日里，不辞辛苦地一遍一遍打磨书稿。

感谢那些和我一起创立并维护公众号"寰宇管理视界"的学生们，特别是张舒、胡超、杨梦君、王晓涵、胡波和周其勇，感谢你们持之以恒的付出。你们都走向了各自的工作岗位，但为师的心中常常挂念你们。

拥抱曾经遇见的每一个人，愿我们共同珍惜这来之不易的今天！

王　宇

2021年8月